換個角度，
就會找到更好的出路

CHANGE YOUR VISION
FOR THE BETTER

黛恩 ——— 編著

改變你的視野，
就能改變你的世界

亞瑟‧艾許曾說：
一個人的眼界是否寬廣，
決定他可以擁有多大的成就。

一個懂得將眼光放遠的人，世界將無比遼闊，絕對不會像眼光狹窄的人，老是被眼前的事物絆住，動輒患得患失。
己的人生要走向何方，會有什麼發展，往往由自己的視野決定，視野寬闊，人生就無比遼闊，
要是目光如豆，自然不會有什麼突出的成就。

攺變視野會讓自己看得更遠，望向更寬廣的世界。
戴著墨鏡看人生，人生當然一片黑暗，不要懷著沮喪的心情，對未來抱著悲觀和沮喪，
唯有改變自己的視野，人生才會豁然開朗。

出 版 序　　　　　　　　　　　　　　　　　　　　・黛　恩

改變視野，就能改變你的世界

只要能「越挫越勇」，成功不需要什麼背景條件，只要態度積極、認真，用盡全力，夢想終有一天會實現！

　　美國著名的發明家兼企業家伊萊・惠特尼曾說：「一個人的世界大小，由他的視野是否寬廣來決定。」

　　的確，一個人的視野決定了他的世界，千萬不要讓眼界侷限自己的世界。限制我們發展的，往往不是因為缺少機會，而是我們遮蔽了自己的視野。戴著墨鏡看人生，人生當然一片黑暗，不要用哀怨的眼光，對未來抱著悲觀和沮喪，唯有改變自己的視野，人生才會豁然開朗。

　　你認為你是個失敗者嗎？你認為自己的條件不夠好嗎？

　　如果，你連跌倒的原因都沒有找出來就放棄前進，那麼你就是真正失敗的人；如果，跌倒後你能立即搬開絆倒的石頭，那麼你就不知道什麼叫失敗。

　　除了一雙手和一條腿之外，羅吉・克勞馥確實具備了打網球的條件。

　　天生殘疾的羅吉，從小就在父母的鼓勵與教育下，建立一個

積極的觀念：「什麼才叫殘障，這取決於你怎麼看待自己的殘缺。」

他們不希望羅吉為自己的殘缺感到難過，或利用身體的缺陷博取同情或幫忙，他們希望羅吉與常人無異。

從小，父親便鼓勵羅吉積極地培養運動興趣，他教羅吉打排球和橄欖球，而羅吉也真的沒讓父親失望，十二歲之時就已成為橄欖球隊的重要角色！

有一天，他在場上與對手追逐時，沒想到對方一把抱住羅吉的左腳，就在他奮力掙扎時，義肢居然被拔下來了！

誰也沒想到，只剩一隻腳支撐著的羅吉，竟然利用一隻腿，直躍過分線，並達陣得分，場上不禁響起了如雷掌聲。

羅吉經常對自己說：「我不可能每件事都會，所以，我只需要把注意力集中在我能做的事情上。」

問題是，羅吉還能做什麼事呢？

那也是運動項目之一，網球。雖然開始練習時，只要他一轉動，拍子便會掉落，但是他一點也不氣餒，雖然手腕的力量不如一般人，但是在他的努力與家人的支持下，積極地自我訓練的結果，不管是轉動球拍、發球或接球，他都已經到達了職業水準。

雖然，剛開始參加比賽，他屢嘗敗績，但是羅吉並未放棄，反而更加努力練習，比賽的成績也不斷地進步了。

肢體殘障的運動選手很少，沒有任何前例可以參考學習，但是羅吉仍堅信自己一定能突破所有侷限，打出一片網球新天地。靠著自己的努力，後來他終於成為第一個被美國職業網球協會認可的專業教練，一個殘障的網球好手。

羅吉說：「你和我之間的唯一差別，就是你們看得見我的殘

障，而我卻看不見你們的缺陷。每個人都有障礙，你問我是如何克服身體的殘障，我只能告訴你，我什麼也沒有克服，我只是像你們一樣，學會了我原先不會做的事，就像你們學習彈琴或用筷子吃飯一樣，只是我比許多人用心盡力而已。」

羅吉·克勞馥說：「你們看得見我的殘障，而我卻看不見你們的殘缺。」

聽到這句話時，你是否忽然看見了自己的缺陷？

當電視中出現了許多殘障勇士，積極地用樂觀、奮鬥填補身體上的殘缺時，我們除了驚嘆他們的生命力，想必也對自己的消極深感慚愧吧！

每一個人都有著不同的生命態度，有人一生平順，不能忍受辛苦，也不能接受失敗，即使小小的碰撞也能讓他們宣佈放棄，永遠跌坐在地上。然而，有更多的人和羅吉一樣，堅信只要能「越挫越勇」，成功不需要什麼背景條件，只要態度積極、認真，用盡全力，夢想終有一天會實現！

自己的人生要走向何方，會有什麼發展，往往由視野決定。改變視野會讓自己看得更高更遠，望向更寬廣的世界。

1 找出屬於自己的成功捷徑

PART

你應該確認自己的能力是否已充分地發揮，
如果你能清楚地設定自己的方向，
以及將要實現的目標，
那麼你才能找到屬於自己的成功捷徑。

2 先接受自己，別人才會接受你

PART

生活上不會有無解的難題，
端看你願不願意敞開心把問題解開，
你的「心」往哪個方向走，
你的世界就會往那個方向去。

3 咬緊牙關才能衝破難關

PART

面對困難的時候，如果你能緊咬著牙關前進一步，
在眾人都放棄時再多堅持一秒，
那麼最後的勝利，也就非你莫屬了。

4 勇於面對，才能解開心結

PART

生活中沒有解決不了的問題，
人與人之間也沒有必須的敵意與敵對，
特別是面對自己身邊的人。

5 錯誤就是成功的開始

PART

用正確的態度去面對，
並找出犯錯的原因和問題所在，
如此才能避免重蹈覆轍，
讓每一個錯誤都成為你成功的保證。

6 不要用猜忌來保護自己

PART

快樂的日子並不在於別人能給你什麼，
而是你用什麼樣的態度，去看待你的生活，
又用什麼樣的角度，去發現你的美麗人生。

7
PART
設法從自卑走向自信

與其因自卑而悲觀喪氣，
帶來更多的歧視和冷漠，
不如將它轉變為動力，從自卑走向自信，
這才是積極有力的生命態度。

8
PART
動動腦筋，就能點石成金

價值是可以創造的，
而非一成不變的，
一旦我們有辦法發掘出一件事物的價值，
就如同擁有了點石成金的魔法棒。

9 只有盡力才能出人頭地

PART

只有不斷的磨練，才能讓自己熟練，
在不能確定是否已做到最好時，
你就沒有停止的資格。

10 你可以把「劣勢」變成「優勢」

PART

只要你意志堅定、充滿信心，
盡力了，用心付出了，
劣勢也可以成為你挑戰成功時的優勢。

11

PART

改變心境，才可能改變人生

只有改變心境，才可能改變你的人生。
所以，如果你想要改變自己某些不好的習慣，
就必須發自內心的想要改變。

12

PART

累積實力，才會激發潛力

想要激發自己的潛能，
就必須一步一腳印地慢慢累積，
只有這樣，潛能才會有發展的空間，
而失敗機率才能降到最低。

PART 1

找出屬於自己的成功捷徑

你應該確認自己的能力是否已充分地發揮，

如果你能清楚地設定自己的方向，

以及將要實現的目標，

那麼你才能找到屬於自己的成功捷徑。

把別人的刺激當作前進的動力

朝向目標前進的時候，千萬不要因他人的嘲
笑、諷刺而沮喪放棄，你大可把它當作刺激和
前進的動力，毫不動搖地繼續向前邁進。

　　每個折磨和挫折，都隱藏著成功的種子。那些在人生道路上
將我們絆倒的「折磨」，背後都隱藏著激勵我們奮發向上的動機。

　　一個人的成就永遠跟他身處逆境時，所展現的態度成正比。
想要在自己認定的領域有一番成就，就必須將別人對自己的刻薄、
折磨，視為成功必經的磨練。

　　如果通往成功的電梯故障了，那麼就走樓梯吧！只要還有樓
梯或是任何前進的工具，你就能通往想抵達的地方。

　　成功的快慢並不是那麼重要，重要的是，你是否能不斷地用
自己的力量，一步一步地朝目標前進。

　　電影明星席維斯史特龍還沒成名之前，生活非常落魄困苦。
曾經一度，他的身上只有一百塊美金的生活費，想租間房子都租
不起，每天只能睡在報廢的汽車中。

　　他立志要做個傑出的演員，於是信心十足地來到好萊塢的電

Change your vision
for the better
✱ 015

影公司應徵，但是，卻因為外貌不夠出眾，以及咬字不夠清楚而遭到拒絕。

在被拒絕了一千多次之後，他仍然不死心，絞盡腦汁寫了一齣叫〈洛基〉的劇本，並拿著這劇本四處推薦。

雖然仍不斷地遭到拒絕，但是他一點也不灰心，最後終於遇到了一位肯欣賞他的老闆，並如願以償地讓他成為名聞國際的超級巨星。

恆心是成功的基石，當你朝向目標前進的時候，千萬不要因他人的嘲笑、諷刺而沮喪放棄，你大可把這些折磨當作刺激和前進的動力，毫不動搖地繼續向前邁進。

在人生路途中所遇上的任何麻煩或阻礙，你都要勇敢地面對，因為只有在解決之後，你才能繼續前進，問題也才不會愈積愈多；而且，當你徹底地解決了一個問題之後，其他的問題也會自動地消失。

只要有耐心，將問題一個一個慢慢解決，不要操之過急，也不要任意放棄，很快地，你就會發現自己的轉變。你會發現自己不但衝勁增強，自信心提高，生活充滿了無限的活力與動力，不僅工作比過去做得更好，生活也比過去更充實愉快。

先相信自己，你才能超越自己

「相信你能，你就一定能。」相信了自己，你
就能滿懷信心，輕鬆地解決每一道難題，邁向
自己期待的成功。

名劇作家蕭伯納在《聖女貞德》裡說：「有決心，有牢固的
雲梯，就可以爬過最堅硬的牆。」

信心就是你向上攀爬的雲梯，只要下定決心、充滿信心，你
就能克服任何過去讓你畏懼的困難。

美國著名的推銷員齊格，剛踏入行銷行業時，參加了一個由
激勵大師梅里爾指導的培訓課程。

培訓結束後，梅里爾先生將齊格留下，並對他說：「你的能
力非常好，是一個很有前途的人才，甚至能成為全國最優秀的推
銷員。我絕對相信，如果你能夠全心全力投入工作，並相信自己
的能力，那麼你一定能獲得成功。」

當齊格聽到這番話時，不禁感到受寵若驚。

齊格之所以會這麼驚訝，其實與他的成長過程有絕對的關
係，他回憶說：「當我還是個小男孩時，個子不高，運動細胞也

Change your vision
for the better
✳ 017

不好，即使身上穿了再多的衣服，體重也不會超過一百二十磅。小學五年級的時候，每天放學和星期六，我都必須去打工。而且，我的膽子很小，直到十七歲才敢和女孩子約會，而且還是別人幫我設計的一個盲目約會。一直以來，我只是一個希望回到家鄉小鎮上工作，一年能賺個五千美元就滿足的小人物。」

當然，齊格相信了梅里爾先生的話，開始發憤努力，更把自己視為不可多得的人才。

後來，他真的就成了一位優勝者。

齊格說：「其實，梅里爾先生並沒有教我們很多推銷技巧，但上過他的課程之後，我在美國一家擁有七千多名推銷員的公司中，銷售成績卻能名列第二位。第二年，我更成為全州報酬最高的銷售經理之一，也成為全國最年輕的分區主管。」

齊格遇到梅里爾先生後，人生有了急遽的轉變，這並不是獲得了最新的推銷技巧，也不是他的智商提高了，而是梅里爾先生讓他確信自己有獲得成功的能力，並給了發揮自己能力的信心。

這就是為什麼鼓勵比責罵來得有效的原因，特別是對那些沒有信心的人。

欠缺信心的人在成長的過程中充滿自卑，認為自己沒什麼用處，他們的心願就是希望捧著「鐵飯碗」，不要遇上任何變化，一成不變地直到終老。

但這樣真的就是最好的狀況嗎？

俄國文豪高爾基在《我的大學》一書中寫過一段警句，提醒我們不要盲目地追逐世俗的價值。他這麼說：「我們的生活和福

音書已經相差太遠了,生活正走在自己的道路上。」

其實,一個人的成功、幸福,往往來自於對各種不同環境的適應能力,而不是過著毫無變化的生活。人只要願意試著用喜愛的心情面對環境,那麼無論遭遇什麼困境,都會是通往成功、幸福的途徑。

我們不一定要期待別人的鼓勵,因為自己就可以給自己勉勵,給自己信心。

許多勵志大師都是這麼說的:「相信你能,你就一定能。」不管是念力也罷,意志也行,相信了自己,你就能滿懷信心,輕鬆地解決每一道難題,邁向自己期待的成功。

從一開始就要下定決心

別在乎別人怎麼說，也不要因為他人的批評和
外在環境的嚴苛而束縛自己，堅定決心，把生
命的熱情釋放出來，決心將會帶領你，一步步
邁向你的理想。

　　不要管別人怎麼看待你，也不要管事情看起來有多艱難，只
要你確認了自己的人生方向，並且下定決心，那麼就勇敢地將步
伐加大吧！

　　如此一來，再多的批評和惡運，最後都會向你低頭的。

　　世界第一名女性打擊樂演奏家伊芙琳・格蘭妮說：「從一開
始，我就下定了決心，沒有人能阻擋我對打擊樂的熱情。」

　　格蘭妮生長在英國蘇格蘭東北部的一個農場裡，八歲時開始
學習鋼琴，隨著年齡的增長，對音樂的熱情更是與日俱增。

　　但不幸的是，這時她的聽力竟然開始退化，經過醫生的診斷
之後，發現這是一種難以治癒的神經性損傷，而且依病情的變
化，恐怕不到十二歲，她就將完全耳聾了。

　　但是，這一點也不影響她對音樂的熱情，她所立下的人生目

標是成為打擊樂器的演奏家。

雖然當時並沒有所謂的打擊樂手，但為了演奏，她學會用不同的方法來「聆聽」其他人所演奏的音樂，而且當她演奏時，通常只穿著長襪表演，如此一來她就能透過身體和想像，感覺到每個音符的震動，並利用感官和觸覺，來感受整個聲音的世界。

當她決心成為一名音樂家，向倫敦皇家音樂學院提出申請時，雖然她的特殊病況曾引起某些老師反對，但是她的精湛表演，卻征服了每位老師。

於是，她順利地進入了皇家學院，畢業時更獲得最高榮譽獎的殊榮。從此，她便致力於成為第一位專業的打擊演奏家。她費盡心思為打擊樂獨奏譜曲，也改編了很多樂章，讓許多熱愛打擊樂器的音樂人，有了屬於自己的樂譜。

現在，格蘭妮已經有十幾年的打擊樂資歷了，她沒有因為醫師的診斷而放棄自己的夢想，她不斷地堅持，努力不懈，終於用熱情和信心征服了命運和所有的樂迷。

不論在生活中或是工作中，我們都承受著來自各方面的壓力，也無可避免地會遭遇各式各樣的批評。

遇到批評，我們應該抱持正面態度心存感激，把善意的批評當成勉勵，把惡意的批評當成砥礪，不必為此患得患失。

據說，羅斯福總統曾經向一位睿智的長者請教，面對別人惡意的批評時，該如何應付才好？

這位長者語重心長回答說：「不要管別人怎麼說，只要你在心裡知道自己是對的就行了。」

Change your vision
for the better
✳ *021*

　　這段話告我們，別在乎別人怎麼說，也不要因為他人的批評和外在環境的嚴苛而束縛自己。

　　只要你知道自己是對的，就該堅定決心，把生命的熱情釋放出來，決心將會帶領你，一步步邁向你的理想。

多聽聽自己的批評聲音

多聽聽自己給自己的批評和反省，只要一發現
錯誤，就要立即調整步伐，而不是老是困在別
人的侷限裡不知所措。

你多久沒照著自己的想法生活了？

你的夢想被拋得多遠了呢？

留點時間給自己，聽聽自己真正的想法吧！你可以愉快地生
活，只要你願意傾聽自己的聲音。

艾倫‧瓊斯是一家電視公司的主管，率先提出創立空中大學
的想法，以培育電視相關的專業人才，但當時並沒有得到大家的
支持。

艾倫‧瓊斯回憶說：「許多銀行家和投資人，都認為這個行
業並不可行，但我堅信這個創意，當然，後來的發展證明了我的
信念是對的。」

他的例子說明了，勇於堅持自己的理念，試著與別人溝通，
並且嘗試克服各種困難，最後才有可能成功。

如果上級否定了你的計劃，或者堅持要你按照他的想法行事

Change your vision
for the better
＊023

時，激動的反抗不只不夠成熟，而且往往也於事無補。這時，應該靜下心來檢討自己的計劃是否有不足之處。

當你追求夢想，希望得到別人幫助的時候，往往也會聽到一些批評的聲音。

其實，能聽到一些批評也不錯，畢竟其中仍有許多人的初衷是希望能保護你，讓你遠離一些不夠踏實的幻想，所以批評也是一種助力，能避免你的莽撞和躁進。

不過，當別人批評著「不夠資格、這個想法不會成功、這種產品沒有市場、他太年輕」時，千萬不要被嚇倒了。

你可以對這些消極、負面的話語充耳不聞，更要學會辨別什麼是惡意批評，什麼才是真正的建議，如此一來，你才能真正地實現你的夢想。

塞萬提斯在《唐吉訶德》裡提醒我們：「低估自己是懦弱，高估自己是魯莽，真正的勇敢來自於正確地評估自己。」

對自己充滿信心，相信自己有能力解決難題，用積極的態度把潛在的能力發揮出來，就一定達成夢想。

理想能否實現，真正能影響你的人仍然只有自己。

別人有別人的想法，任何消極的批評，也都是他們的想法，不應該把它成為你的束縛。

多聽聽自己給自己的批評和反省，只要一發現錯誤，就要立即調整步伐，而不是老是困在別人的侷限裡不知所措。

設定自己的成功標準

你可以嘗試別人的方法，但是在嘗試之後，仍
得找到自己的路。因為，別人的成功方法不一
定適用於你。

在這個世界上，每個人都是獨一無二的個體，在生命過程中
不可能會有人與你一模一樣。

所以，你應該要有自己的成功標準，更要有自己的生活標準
和價值觀念，因為再多的盲從與模仿，都不會成為你的！

至於別人怎麼看待你的言行舉止，如何解讀你的價值，那是
他們的事，就讓他們去傷腦筋吧！

麥克斯‧威爾醫師曾經描述過這樣的一次經歷。

在羅斯福執政期間，他曾為總統夫人的一位朋友負責一個手
術。事後，羅斯福夫人邀請他到白宮去，他在那裡過了一夜，據
說隔壁就是林肯總統曾經睡過的房間，他實在感到非常榮幸。

那天晚上，他完全睡不著，因而用白宮的文具和紙張，寫信
給母親、朋友……等等。

「麥克斯，」他在心裡對自己說：「你真的來到白宮了。」

　　第二天一早起來，他下樓用早餐，總統夫人已經等在那裡了。他吃著盤中的炒蛋，接著僕人又送來了一托盤的鮭魚，問題出現了，他什麼都吃，就是從不吃鮭魚，因此畏懼地對著那些鮭魚發呆。羅斯福夫人向麥克斯微笑，指著總統先生說：「他很喜歡吃鮭魚。」

　　麥克斯考慮了一下，心想：「我是什麼人？怎麼能怕鮭魚？總統都覺得好吃了，我就不能覺得很好吃嗎？」

　　於是，他切著鮭魚，並混著炒蛋一起吃下去，結果，他從下午開始就渾身不舒服，一直到晚上仍然非常想嘔吐。

　　後來，麥克斯一直思索，這件事有什麼意義呢？

　　他在自己的著作《心靈的慧劍》寫出自己的感想：「很簡單，其實我一點也不想吃鮭魚，而且根本也不必吃，但是，我卻為了附和總統，而背叛了自己。雖然這是件小事，很快就過去了，可是換個角度想，這不正是許多人為了成功，最常碰到的陷阱之一嗎？」

　　有位作家曾說：「人總是為了增進人際關係而強顏歡笑去演自己不喜歡的角色，長久演戲的結果，把自己都給忘了。」

　　勉強自己去演不喜歡或不適合的角色，只會迷失自我，即使絕佳的機會出現眼前，也會被自己弄得一團糟。

　　你認為別人的成功模式，就一定適用於你嗎？

　　走在別人留下的成功痕跡上，你也只是跟著別人走一趟而已，別忘了在這條相同的路上，已經有人先到達了終點，而你只不過是再加深成功者走過的路痕罷了。

　　你當然可以嘗試別人的方法，但是在嘗試之後，仍得找到自己的路，不要一味地抄襲模仿。

　　因為，別人的成功方法不一定適用於你，唯有找到了屬於自己的價值標準，你的成功才會長久，也才會是你真正的成功。

Change your vision
for the better
✻ 027

想暢行無阻，就必須小心鋪路

想使未來暢行無阻，現在就必須開始鋪路，別
因為過去一個小錯誤，成為影響今日發展的主
要因素。

若要人不知，除非己莫為，凡是走過的路，必然會留下一點
蹤跡。

現代社會裡，有許多人雖然表面上受著法律約束而謹守紀律，
私底下卻常常任意妄為，在沒人注意的地方大肆破壞，造成其他
人的困擾甚至傷亡。例如，建築物偷工減料、偷走水溝蓋……等
等惡行。

或許因為一時的「幸運」，沒人發現那些行為，然而人類整
個生活圈就像食物鏈般，牽一髮而動全身，最後的影響經過循環
還是會輪迴到自己身上。

任何卑劣的行為都會留下紀錄，不可不小心謹慎。

有一次，著名的哲學家和文藝理論家狄德羅答應幫忙一位年
輕人看他的作品並加以評論。

年輕人依約帶著一份手稿出現，可是當狄德羅接過稿子時，

怎麼也沒有想到那是一本誹謗他的小冊子。

等到他從頭到尾看完後，心裡充滿驚訝和不解。

直到那位年輕人第二次去找他時，狄德羅才疑惑地問道：「先生，我和你素昧平生，當然不可能得罪過你。能否告訴我是怎麼樣的動機使你這樣批評我，還想辦法讓我生平第一次讀到一部諷刺自己的文章呢？通常，碰到這樣的作品，我都會把它扔進垃圾桶裡。」

那位年輕人大言不慚地回答：「因為我沒有飯吃。我這麼做是希望您給我幾個錢花，只要這樣我就不發表它。」

「看完你長篇大論的胡謅之後，我認為你還可以得到更大的利益。」狄德羅好氣又好笑地繼續說道：「奧爾良公爵的兄弟是個虔誠的教徒，而且十分恨我。我建議你把這個作品獻給他，我敢保證無論什麼時候，只要你把這個作品送給他，都一定會獲得資助。」

「可是，我並不認識這位公爵，而且由我自己上門推銷也不大適當。」年輕人猶豫地說著。

「坐下吧，我馬上幫你寫。」狄德羅豪爽地說。

於是，狄德羅真的為他寫了推薦信。這位年輕人拿著推薦信來到公爵面前，也一如狄德羅預期般得到為數不小的錢財。幾天後，年輕人回來向狄德羅致謝，狄德羅則誠懇地建議他找一個正當的工作。

許多人成名之後，過去的一切都會被八卦雜誌挖掘出來。偏偏在這個隱善揚惡的社會，愈是負面的消息就愈讓人感興趣，也

Change your vision
for the better
＊029

因此名人們常在過去的「惡行」被報導出來後，爲了表示負責，必須召開記者會對社會大衆道歉，但還是在民衆心中留下了不好的印象，影響自己的事業。

目前有許多職業需要「考核」過去的行爲，例如警察、機師、情治人員等等。即使是學生時代留下的一個小過，都可能成爲日後遭人排拒在外的原因。讓過去的小錯誤成爲影響未來發展的大障礙，是一件很可惜的事。

惡可以由小而大，小惡做久就不在乎大惡了；善也是積少成多，小善終能成大德。

或許我們覺得自己只是個平凡人物，根本不用擔心這些，但是換個方向想，若我們能積小善、去小惡，熱心於幫助別人，或許會有意想不到的收穫。

想使未來暢行無阻，現在就必須開始鋪路，別因爲過去一個小錯誤，成爲影響今日發展的主要因素。

找出屬於自己的成功捷徑

你應該確認自己的能力是否已充分地發揮，如
果你能清楚地設定自己的方向，以及將要實現
的目標，那麼你才能找到屬於自己的成功捷徑。

只有成功的人才知道，不論成功或失敗，一切都取決於自己。

他們更明白，取得成功的要素不在於外在物質條件，而是自
身實現目標的信心，和獨一無二的自我肯定。

科學家們發現，沒有一個人的指紋、聲音和DNA會重複，
所以，每個人都是獨一無二的生命個體。

雖然大家都知道這個真理和事實，但我們還是習慣跟別人相
比，比較別人的薪資是不是比自己高，比較別人的工作是不是比
自己輕鬆，比較別人的日子是不是過得比自己好。

甚至，在報紙上看到某些人非凡的成就時，便會充滿嫉妒、
羨慕，自我安慰地告訴自己：「只要等到他這個年紀，我就能和
他一樣了。」

其實，這些比較一點意義也沒有，因為你不知道他們在成功
之前，曾經付出過多少心力，說不定他們能有今天的成就，付出

的代價是超出你我想像的，畢竟成功的背後，都有著許多不為人知的汗水和努力。

　　每個人都有屬於自己的才能，而且絕對是獨一無二的。不管是耐力、幽默感、善解人意或交際天分……等，都是可以幫助我們取得成功的有利工具。如果你忽略了這些才能，不肯好好發揮自己的潛力，不斷拿自己和別人比較，那麼只會讓你對自我及自信心產生負面的影響而已。

　　你應該確認自己的能力是否已充分地發揮，如果你能清楚地設定自己的方向，以及將要實現的目標，那麼你才能找到屬於自己的成功捷徑。

　　英國作家斯威夫特曾說：「最不願正視自己的人，才是最嚴重的盲人。」

　　確實如此，人生最困難的事，莫過於勇敢面對自己，認識自己，進而肯定自己，發掘本身究竟擁有多少潛力。

　　我們不必和別人比較後才來肯定自己，每個人都有不同的天分和潛力，透過難題的解決，你就能慢慢地發現自己的實力。

　　我們不要被眼前的事物、假象迷惑，也不要再被工作、房子、車子或任何外物限定了，我們不是這些東西的附屬品，更不會因為身上的裝飾或名牌而變得特別有價值，只要認定自己的獨特之處，你就不必再給自己貼上任何標籤了。

給自己一個肯定的掌聲

工作是你的，生活更是你的，如果因為別人的
一句無心之言，讓你的生活充滿自卑和退縮，
這樣值得嗎？

非得等到別人點頭和肯定，你才能確定自己的能力嗎？

如果是話，那麼你肯定沒有盡力。

只要盡了力，不管別人怎麼看，你都應該給自己鼓勵，那樣
任何事在你手中，才會有更多的活力與創意！

賈許拿了一份報告進來，想請主管審核，主管看了一會兒
後，點點頭說道：「嗯，寫得還不錯。」

又過了一會兒，主管卻突然搖了搖頭，賈許見狀，趕緊說：
「可能……可能還有一些疏忽吧。」

只見主管再次又搖了頭，什麼話也沒說，賈許開始有點心
虛，說道：「其實，問題也不算大吧！」

主管繼續搖了搖頭，賈許小聲地說：「我想……也許是主題
寫得不夠好，陳述也不夠清楚。」

但是，這位主管仍然不說話，只是又搖了搖頭，於是賈許只

Change your vision
for the better
＊ 033

好尷尬地說：「把這些問題修改後，應該就會更好了。」

　　主管還是什麼話也不說，這時，賈許聲音更小了，低下頭說：「我會重新寫份報告過來。」

　　終於，這位主管開口了：「唉，這件新襯衫的領子真不舒服。」

　　沒有人不想得到認同和讚美，但是有時候這些讚許和支持，不一定要等著別人給予，當你太在乎別人的感受之時，反而只會在精神上逼死自己，一點好處也沒有。

　　工作是你的，生活更是你的，如果因為別人的一句無心之言，讓你的生活充滿自卑和退縮，這樣值得嗎？

　　一旦把別人的贊同與否，認定是生活的必需，那麼，你就別奢望能有創新或開創性的未來。

　　如果每件事都必須等到別人的贊同，才能心安理得地進行下一步，或者非要得到別人的誇獎，你才肯繼續前進，那麼，你必然受到束縛，你的成功勢必永遠比別人慢一步。

　　不能明確說出自己的想法與感覺，只會迎合他人所好，放棄自己的價值觀念，盲目地跟著別人的思想前進，那麼生活對你而言，不只會過得比別人辛苦，更會因有志難伸而抱怨連連。

　　每個人的背景不同，當然也會有各種不同的想法，我們當然不必要為反對而反對，但忠於自己的想法，才是對自己負責的態度。

　　除了讚美之外，你也可能會聽到許多的反對意見，但不必太在意，這些都可以成為前進的動力，能夠把別人的批評加以消化、吸收，那麼前進的步伐才會更愉快而穩健。

你也可以做自己的伯樂

做自己的伯樂吧！你一定知道自己有哪些能力
與才華，只要靈活運用，並且相信自己，你就
有機會遇到真正的知音！

你自認是一匹千里馬，但是卻一直找不到欣賞自己才能的伯
樂嗎？

那麼，不如先做自己的伯樂吧！給自己一個支持和表現的機
會，做自己獨一無二的知音。

約翰是某家公司的工程師，個性沉默寡言的他，因為不懂得
如何與人交際，很多人總是把他當作透明人一樣視而不見。

直到有一次參加大學同學會，他的生命才有顯著的改變。當
時，有人請他談一談關於國外旅遊的經驗，由於這是他第一次在
一大群人面前說話，所以不斷地出現緊張、口吃的情況。

約翰覺得自己說不知所云，因此感到相當懊惱。但是，就在
同學會結束後，有一位老同學卻跑來跟他說：「約翰，你講的內
容非常有趣，希望以後能有機會再聽你演講。」

自從被這位老同學稱讚了之後，約翰開始覺得自己其實並不

差，對自己的口才也多了一點點的信心。

後來，他開始拓展自己的人際關係，盡情展現自己的才華，終於獲得公司高層識，一步步獲得擢升，現在已經晉升為公司的經理，不僅負責公關，還處理對外聯繫與交際業務。

古羅馬思想家西塞羅曾經寫道：「人拋棄理智，就要受感情的支配，就像一艘船不小心駛入深海，找不著停泊處。」

評斷自己的時候，千萬不能有偏頗、負面的想法，也不要萌生自卑心理，如此才能確實認識自己。

不管別人怎麼認定自己，也不管那些認定的優劣，只要我們心中認定了自己的能力，我們必然能充滿自信地前進。

每個人都希望能遇上懂得鑑賞自己的伯樂，但這畢竟需要一點運氣，如果一千萬個人中只會有一個你的知音，那怎麼辦？

不如就做自己的伯樂吧！

你一定知道自己有哪些能力與才華，只要你能靈活運用，並且相信自己，你就有機會遇到真正的知音！

先接受自己，
別人才會接受你

生活上不會有無解的難題，
端看你願不願意敞開心把問題解開，
你的「心」往哪個方向走，
你的世界就會往那個方向去。

你一定行，只要你願意

> 我們的生活不該有任何絕望的念頭，因為只要
> 我們願意，給自己一份信心，我們都會是創造
> 奇蹟的好手。

亞瑟·艾許曾經說：「一個人的眼界是否寬廣，決定他可以擁有多大的成就。」

一個懂得將眼光放遠的人，世界將無比遼闊，絕對不會像眼光狹窄的人，老是被眼前的事物絆住，動輒患得患失。改變視野會讓自己看得更高更遠，望向更寬廣的世界。

你對生活感到絕望嗎？你認為外在條件阻礙了你的未來嗎？

當時間一點一滴消耗在絕望和埋怨聲中，有沒有人認真地仔細想想：「我要怎麼跨出下一步，要怎麼重新開始？」

酷愛足球的布里恩·沃克，罹患了一種罕見的神經麻痺症，經過醫生一番治療，原本病情快好轉了，豈料又不幸引起了肺炎併發症。為了持續他的呼吸功能，醫生不得已只好裝了呼吸輔助器。

醫生對他的父母說：「我們已經盡力了，接下來全靠布里恩自己了！」

「我還站得起來嗎？」布里恩問父親。

Change your vision
for the better
＊ 039

父親堅定地回答說：「當然可以，只要你希望，你就能做到！」

布里恩努力地活動腳趾，但是五個小時過去了，腳趾卻怎麼也不聽使喚，他滿身大汗地哽咽著：「我不能動了，我不會好了，我要死了！」

這個小挫折把布里恩擊倒了，那天開始，布里恩便昏睡不醒，他不能也不想說話，即使醒了過來也不願意動，他已經完全失去鬥志和信心了。

這種自暴自棄的情況讓愛子心切的父親擔憂不已，後來他想到一件事：「也許傑姆・米勒能幫他！」

傑姆是一位足球明星，也是布里恩的偶像。

這天，除了沃克夫婦在二樓準備迎接傑姆之外，還有一群人聚在門口等待這位名人。

布里恩的父親來到兒子身邊，指著牆上的一件「歐爾密斯」運動衣，問道：「布里恩，你想不想見到這件運動衣的主人？」

「傑姆・米勒？」霎時，布里恩的臉亮了一下，但隨即懷疑：「他怎麼可能會出現呢？我不相信！」

忽然，有個人推開了門，布里恩吃驚地喊著：「傑姆・米勒！」

傑姆笑著說：「嗨！小伙子，你怎麼啦？」

傑姆打完招呼，便走到布里恩的身邊，並伸出手要和布里恩握手，只見布里恩吃力地伸了出手，緊緊地握著足球明星的手。

這也是他這幾個星期以來，第一次移動胳膊，第一次活動他的雙手，而這一握便是一個小時。

傑姆・米勒鼓勵布里恩：「你一定會好起來的，這場戰爭雖

然很辛苦，但是你一定會成功的！你要像攻入球門那樣，努力達到目標，好嗎？等你好了，我們再一塊兒練球！」

最後這句話就像「特效藥」般，對布里恩非常有效，只見布里恩不斷喃喃自語：「和傑姆‧米勒一起踢球？我要和傑姆‧米勒一起踢球！」

傑姆又鼓勵他說：「千萬別放棄啊！我每星期都會儘量撥出時間來看你，直到你出院為止！」

布里恩吃力地點了點頭，說：「我會全力以赴。」

只見布里恩立即伸出左手，努力地活動著，他對自己說：「剛剛可以伸出手，我一定可以再做第二遍！」

然而，這一次，手卻不聽使喚，不願放棄的布里恩，一次又一次地試著，他不想放棄，只因「他要和傑姆一起踢球」！

「再試一次！」

這一次，一個手指出乎意料地顫動了：「我能動了！一個能動，其他的一定也行！」就這樣，他花了半天的時間讓右手的五根手指都「動了」。

第一天的成功，讓他第二天更有信心了：「我一定能好起來，連傑姆也相信我能，那我更要相信自己，我還要向他證明，只要我一直保持著戰鬥精神，就像踢球一樣，我就能走下病床。」

一個星期後，傑姆走進病房，就發現布里恩已經能坐起來了，而且還能大口大口地咬漢堡呢！

「你自己能吃東西了！」傑姆對他的進步感到驚訝。

布里恩笑著說：「是啊！我已經能自己呼吸囉！」

傑姆為布里恩感到開心，鼓勵著他：「太好了，小伙子，我就知道你行！將來你一定能成為優秀運動員，因為你有運動員的

Change your vision
for the better
＊041

毅力和勇敢！」

自從「信心恢復」後，布里恩便利用一切機會鍛鍊自己，直到他能下床行動，可以不必扶著柱子練習走路，這一次也只用一個星期的時間完成。

當傑姆再次來訪時，他感動地看著瘦弱單薄的布里恩，心想：「如果換做是我，我能做到這一切嗎？」

忽然，布里恩用小跑步的姿勢，撲向傑姆。

傑姆不敢置信心地抱著布里恩說：「你真的成功了！」

布里恩哽咽道：「是的，謝謝你！謝謝你來看我。」

傑姆搖了搖頭，謙虛地說：「孩子，這是你自己做到的！」

雖然傑姆這麼說，不過布里恩很清楚，如果沒有傑姆，他是不會成功的。

一個月後，布里恩出院了，雖然步伐還沒有很穩固，但是他仍然堅持要出院，因為他急切地想回到足球場上。

六月初，布里恩終於回到了足球場上，當他踢出第一球時，不禁高興地喊道：「這一球，為了傑姆‧米勒！」

聽見傑姆鼓勵布里恩「只要你願意，你一定行」時，你是否也感受到一股蓄勢待發的力量，像布里恩一樣，看見了希望，忘了前一秒的「絕望」？

默片時代的喜劇巨星卓別林曾說：「歷史上所有偉大的事，都是人們戰勝了不可能的事而來！」

相同的，我們也可以這麼說：「只要生命還在轉動，我們就還有機會！」

　　當大家都認為「不可能」時，只要我們堅定意志，不放棄自己，不讓失望和絕望牽制住自己，就沒有人能否定你的價值，看衰你的未來。

　　我們的生活不該有任何絕望的念頭，更不該為了眼前的不如意而灰心喪氣。要改變自己的視野，就像重新振作的布里恩一樣，不再輕易放棄，因為只要我們願意，給自己一份信心，我們都會是創造奇蹟的好手。

只有鼓勵才能激發潛力

不要吝於給人鼓勵，只要你願意多花點時間和
耐心等待，下一個成功的例子將從你的手中奇
蹟孵化。

　　一遇到困難的事情就認為自己「不行」的人，容易留給別人
「缺乏自信」的印象，無形之中也是對自己進行負面的自我暗示。

　　如果你一味貶低自己，一味自怨自艾，那麼又怎麼能激發自
己的潛力，又怎麼能期待別人肯定你呢？

　　每個人的內在蘊藏有多少潛能，連科學家也測量不出來，那
我們又怎能輕易地放棄任自己呢？

　　從小就自卑感很重的克隆，在學校裡總是一副神情呆滯的模
樣，然而沉默寡言的他，內心其實很希望有人能坐到他的身邊，
拍拍他的肩膀說：「別害怕，我來幫你。」

　　因為，克隆罹患了「閱讀困難症」，只是當時沒人知道這種
疾病，每當克隆無法像正常人一樣，把文字符號井然有序地排列
時，師長們便責怪他：「真是個不用功的孩子！」

　　克隆曾經被老師以相當嚴厲的方式教導，當時老師發了一把

直尺給其他學生，只要克隆不肯唸書寫字，同學們就要用直尺打他的腳。

上了中學後，克隆的情況改變了一些，因為他在籃球場上找到了他的表現空間，但是在閱讀能力上，卻一點也沒有起色。

從高中到大學，克隆都以傑出的體育表現上來彌補他的閱讀能力，也很幸運地熬過一關又一關。

但是，畢業之後呢？克隆考慮了很久，最後決定要投身教職工作，一九六一年他在一所小學開始任教。每天，他讓學生們輪流上台朗誦課文，考試時則是用別人設計好的標準測驗紙，答案也是使用有洞的卡紙。

生活有點迷失的克隆，根本不知道自己在做什麼，每當周末來臨，他總是心情沉重，因為他覺得自己愧對學生。

直到他結婚的前一晚，克隆才坦白地對他的妻子凱西說：「有件事我得告訴妳，我是個不識字的傢伙。」

凱西以為老公在開玩笑，心想：「他怎麼可能不識字？也許他覺得自己的英文程度太差才這麼說的吧！」

凱西並不在意老公的告白，直到女兒出生之後，她才證實老公真的不識字，為了幫助克隆，凱西很想教他識字，但是克隆說什麼也不肯學，因為，他認為：「我一輩子也學不會，別浪費時間了。」

不久，克隆辭去了教職工作，轉而投入商場，沒想到卻讓他遇上了經濟不景氣。

眼看著合夥人紛紛退股，債權人威脅要對他提出訴訟，面對堆積如山的複雜文件，克隆很擔心有一天會被叫到證人席上，接受法官的嚴厲質問：「克隆，你不識字嗎？」

這天晚上天氣很涼，看著秋天的落葉翻飛飄墜，已經四十八歲的克隆望著女兒的臉龐，決定了兩件事，首先他要拿房子出去抵押，並重新開始，接著他要走進市立圖書館，並告訴成人教育班的負責人：「我要學識字。」

教育班安排了一位六十五歲的祖母當指導老師，這個非常有耐心的老師一個一個字地教導他。

十四個月後，公司的營運狀況開始好轉，他的識字能力也進步不少，信心重建的克隆，展開了嶄新的生活，也積極地出現在各種公開場合，與人分享他曾是個文盲的心路歷程。

克隆說：「不識字是一種心靈上的殘障，而且指責這些人是件相當浪費時間的事，為什麼我們不用更積極的態度，教導有閱讀障礙的朋友呢？」

成立閱讀障礙讀書會後，克隆每天都會閱讀書本和雜誌，甚至看見路標他也要大聲朗讀，他覺得讀書的聲音比歌聲更美妙，而他的妻子每天也非常配合地，仔細聆聽他的「朗讀」。

有一天，他突然衝進了儲存室，拿出一個沾滿灰塵的盒子。

原來，這裡面有一疊用絲帶綁著的信箋，雖然已經錯過了二十五年，但是他終於看懂了妻子寫的情書！

很浪漫的結尾，但是，過程的描述卻很真實、很殘酷。克隆的「閱讀困難症」，其實就像「學習遲緩」的孩子一樣，理解力差的他們，總是被視為「阻礙」教學進度的壞學生，只要用力鞭策後仍不見好轉，他們很快地便被師長們放棄，甚至是「遺棄」。

這些案例其實經常發生在你我身邊，或許我們也曾經是「否

定他們」的幫凶之一。在這個強調「分數」與「速度」的教育環境中，也許我們應該重新審視自己的教育方式。

從克隆的故事中，我們再次發現，責罰只會讓孩子們產生更大的自卑感，所以，別再用焦躁的眼神催促孩子，因為那不僅不會刺激他們的學習潛能，反而會讓他們退縮、畏懼。

學習本來就需要時間，不管是小孩還是大人，都需要花時間慢步累積，更需要別人的鼓勵來增強信心，不是嗎？

不要吝於給人鼓勵，只要你願意多花點時間和耐心等待，下一個成功的例子將從你的手中奇蹟孵化。

Change your vision
for the better
✳ 047

每件事都要盡力而為

只要你盡力了，問心無愧的踏實感就是你成功的獎賞，你不必頂著皇冠，也自能散發出成功的光芒。

德國作家歌德曾經這麼寫道：「人生最大的快樂，並不在於最後佔有什麼，而在於追求的過程。」

確實，充滿意義的生活，就是能夠不在乎成敗得失，依照自己的意志，竭盡全力去做自己該做的事情。

遇上挫折和失敗，你會怎麼看待問題？

是滿臉不悅地責怪拍檔不夠努力，還是埋怨時間不夠，靠山不夠有力呢？

把所有的「責怪」全擱置一邊吧！因為，不管遭遇再大的挫敗，你首要反省的是：「我真的盡力了嗎？」

為了參加難得的奧林匹克競賽，貝克大學畢業後，來到阿斯凡學校當體育教練，因為只有在這裡，他才能為一九七二年奧林匹克運動競賽選手，展開嚴格的訓練。面對學生，貝克總是這麼說：「操場上沒有體育明星，你只需盡你最大的努力，去完成每

一項工作。」

　　認真教學的貝克，深受孩子們的喜愛，因為他對待他們，就像對待自己的孩子一樣。

　　然而，過完二十五歲生日不久之後，貝克卻發現自己在指導學生練習時，很容易感到疲勞。

　　有一天，在操場上他突然感到腹部劇烈絞痛，隨即被送到醫院診治，然而這一進院便是好幾個月。

　　因為，貝克罹患了癌症。

　　動了二次大手術之後，醫生告知貝克的家人，他只剩下六個月的生命。

　　面對如此嚴峻的現實，貝克一點也不願意放棄，他告訴自己：「不管還剩下多少時間，我都要把一切獻給那些孩子們。」

　　於是，貝克又動了一次大手術，經過一個夏天的治療後，他重回操場，並在已經排滿的課程表上，設計了一堂殘障兒童的體育課。

　　貝克說：「不管他們有什麼缺陷，也不能剝奪他們參與體育活動的權利，他們也許不能跑步或跳遠，但是他們會是最好的『教練計時員』，或是『犯規監督人』。」

　　有一天，貝克抱著一個鞋盒到訓練場上，他說：「這個盒子裡裝了兩個獎盃，一個是我要送給第一名的選手，另一個，我要送給雖敗猶榮的選手，因為他是盡自己最大努力、永不放棄的運動選手！」

　　病況再度惡化的貝克，並沒有因此而放棄孩子們，他每天都會出現在操場上為每一位選手打氣，對他們喊話：「無論如何，你們一定要盡最大的努力，要相信自己，你們一定行的！」

Change your vision
for the better
* 049

有一天，有位選手興沖沖地跑到升旗台上，對貝克喊道：
「教練！我們被邀請參加全美運動會的決賽了！」

這個消息給了貝克極大的鼓舞，他高興地說：「我現在只有一個願望，希望身體能撐到決賽那天。」

能不能堅持那麼久呢？

似乎有點困難，消息發佈後的第三天，他才剛踏進校門就昏倒了，醫生檢查後發現，腫瘤破裂了。

然而，一度陷入休克昏迷狀態的貝克，醒來時卻吵著要立刻趕回學校，他說：「我一定要堅持到最後一天，我要讓孩子們對我的記憶，是筆挺地站在他們面前的模樣！」

每天依靠輸血與止痛針來維持生命的他，已經知道自己無法親自再到場上，給孩子們打氣了，因此，他每天晚上開始打電話給每一位運動員：「你們一定要盡最大的努力啊！我相信你們一定行的！」

比賽前的第二天晚上，貝克又昏迷了。醒來時，似乎是迴光返照，大家看見他的精神飽滿地喊道：「把燈打開，我要在燈火輝煌中離開。」

天空終於破曉，貝克辛苦地坐了起來，並握著母親的手說：「對不起，為你們帶來這麼多麻煩！」

不久之後，貝克「睡著了」，不過，這一天距離醫生所預估的六個月還要晚，因為，貝克從死神那兒「盡力地爭取」到了十八個月，一如他堅持的生命態度：「用盡全力⋯⋯」

兩天後，孩子們在聖路易斯贏得了決賽冠軍，他們說：「我們盡全力爭取到了，而這份榮耀也是貝克教練的！」

　　告示板上的「第一名」永遠只能填上一個名字，沒有人不想坐上這個寶座，然而，與其競逐隨時會失去的「第一寶座」，不如讓「第一」永遠坐鎮在自己心中，做一個沒有人能取代的「第一名」！

　　如何成為永遠的「第一名」呢？其實，方法很簡單，只要像貝克教練所說的：「盡全力，就成了！」

　　我們只需要時時提醒自己：「我真的盡力了嗎？如果盡力了，那麼我是不是可以問心無愧？」

　　當然！只要你盡力了，問心無愧的踏實感就是你成功的獎賞，因為，那份滿足與充實的生活感動，是用再多的獎牌和獎金也無法換得的，還有，你不必頂著皇冠，也自能散發出成功的光芒。

看得開，人生就沒有不幸

心懷感恩，生活中便沒有不幸，即使遇見了各
式艱難和困苦，你也能輕鬆走過，享受生命的
快樂與美麗。

　　真正的自在生活，是依照自己的意志去做對生命有意義的事
情，因為，只有能夠敞開心胸，不為無謂的小事煩憂，忘懷生命
之中曾經有過的那些痛苦，才是最幸福、最自在的人。

　　忘記得失，生活才看得見快樂。

　　如果，你永遠只看得見臉上的那道細微的傷疤，並厭煩於它
的醜陋不堪，那麼你不僅看不到傷痕外的美麗雪肌，還會讓那道
傷痕在你的臉上無形孳生。

　　那年聖誕前夕，多娜的母親請鄰居邁克帶她的小女孩到教堂
去。但不幸的是，那天晚上他們卻發生了一場車禍，小多娜也在
這場車禍中傷了臉部。

　　事發當時，邁克緊張地來到多娜身邊，看見她左臉頰的兩道
傷口血流如泉注，連忙拿出急救包，止住多娜的血。

　　雖然，事故發生的原因是路面結冰以致輪胎打滑而失控，交

警追究責任後認定不是邁克的錯，但是，看著花樣般的女孩以後得帶著疤痕過一輩子，邁克仍然非常愧疚、自責。

邁克不敢去探望多娜，他擔心女孩會不理睬他，或是怒氣沖沖地責罵他，於是他只好去問護士，以了解多娜的情況。

護士說：「她很好啊！就像個小太陽似的，大家都很喜歡她。」

邁克半信伴疑地來到門口，偷偷地看著多娜，看著她的笑容，心想：「也許她已經忘了那場意外了吧！」

於是，邁克走了進去，對多娜說：「多娜，那天真的太對不起妳了，希望妳能原諒我，如果……」

多娜笑著打斷邁克的懺悔：「早就沒事了，你看，我還是很好哇！而且，這是我第一次住院呢！沒想到這裡有那麼多有趣的事，護士和醫生們每天都會講好多醫院的故事給我聽呢！」

邁克看著多娜的驚奇與笑容，放心了不少，不過每當他看見多娜臉上的傷疤，心中的內疚總會再次升起。多娜出院後，反而成了大家矚目的焦點，她精采地講述事故的經過和醫院的經歷，也引來了不少的驚嘆聲。

一年後，邁克移居到另一個城市，從此和多娜一家人失去了聯繫。

十五年以後，那個教堂邀請邁克回去參加禮拜，結束時他忽然看見多娜的母親，正站在人群中等著和他告別。

邁克忽然想起了那場車禍、鮮血和傷疤，隨即見到多娜的母親笑容可掬地來到自己面前。

邁克關心地問：「請問多娜好嗎？」

多娜的媽媽開心地說：「你還記得多娜住院時的情況嗎？」

　　邁克回答說：「印象很深刻，她似乎對醫院發生的趣事很感興趣。」

　　母親說：「是啊！她現也成為一名護士了呢！現在還嫁給了一位醫生，婚姻很美滿，喔！我也有兩個可愛的寶貝孫子了！」

　　邁克一聽，放心地說：「多娜真是個可人兒！」

　　多娜的媽媽似乎想起了什麼，連忙說：「對了，我差點忘了！多娜知道我會遇見你，她要我對你說，那次車禍是她一生中最難得的好事。」

　　「好事？」邁克想著這句話，臉上也慢慢地露出許久未見的笑容。

　　在你看來，生命中那些讓自己感到痛苦的事情，是難得的「經驗」，還是不幸的「遭遇」呢？

　　約瑟夫·艾迪曾說：「真正的幸運得走過苦痛、失去和失望，只要你能走出悲傷，自然能看見柳暗花明的桃花源。」

　　多娜選擇敞開心面對傷口，因而能展開陽光的笑容迎接新生活，遺忘昨天的意外和傷害。她不僅用「心」癒合了臉上的傷口，也因為這個意外的轉折，讓她看見了夢想的未來。

　　幸與不幸之間，其實沒有那麼多大的差異或距離，只要我們都能學會知足，心懷感恩，生活中便沒有不幸，即使遇見了各式艱難和困苦，你也能輕鬆走過，享受生命的快樂與美麗。

先接受自己，別人才會接受你

生活上不會有無解的難題，端看你願不願意敞
開心把問題解開，你的「心」往哪個方向走，
你的世界就會往那個方向去。

　　塞內卡曾經寫道：「生活最大的缺陷，在於它永遠不可能十
全十美。」

　　如果我們徹底認清這個事實，誠實地面對自己，就能真實地
掌握自己的人生，不再活在陰霾之中。如果我們連自己都不能掌
握了，別人又怎麼敢相信並肯定你呢？

　　人見人愛的小妮姬在七年級時，被診斷出白血球過多，接下
來的日子，她幾乎天天出入醫院，接受檢查與化學治療，雖然這
些治療可以救命，但是她的頭髮卻因這些化療而掉光了。

　　妮姬開始戴假髮上課，雖然很不舒服，但是她還是戴了。然
而，當她聽見其他孩子的嘲笑聲時，她才發現一切已經改變，她
不再是大家的焦點，也不再是個人見人愛的主角。

　　升上八年級之後，她的假髮經常被頑皮的同學拉扯，而且好
幾次都掉到地上。遇到這個情況，堅強的妮姬也只能停下腳步，

Change your vision
for the better
＊055

抹去眼淚，然後生氣地戴好假髮，埋怨道：「為什麼沒有人願意
幫我？」

這天，她回到家中告訴父親這個情況。

父親說：「如果妳願意，不如回家休息一陣子吧！」

妮姬搖了搖頭，說道：「那有什麼不同？總有一天我還是得
回到學校，不是嗎？其實，有沒有頭髮我一點也不在意，但是我
不能沒有朋友，為什麼沒有人肯幫我呢？難道他們不知道我很需
要朋友嗎？如果要我選擇，我寧願失去生命，失去頭髮，但是我
不要失去朋友。」

第二天，她依然戴上了假髮，還把自己打扮得很漂亮。

堅強的妮姬對父母說：「我今天要做一些事，還要發現一些
新事物。」

妮姬的父母聽見她這麼說，完全不知道她的意思，擔心女兒
會發生什麼意外，因此母親勸她說：「孩子，今天留在家裡休息
好嗎？」

但是，妮姬搖了搖頭說：「不用了，我沒事的！」

拗不過妮姬的堅持，他們只好載著她到學校去，妮姬下車
時，回頭看了看父母親，似乎有什麼事情需要幫忙。

媽媽關心地問：「孩子，怎麼了？忘記什麼東西了嗎？」

小妮姬搖搖頭說：「我今天要完成一件很重要的事！」

父母親覺得女兒不對勁，連忙問：「寶貝，妳怎麼了？」

妮姬含著淚，微微地笑著回答：「我要去找出我的好朋友，
而且今天我就會知道，誰是我真正的朋友。」

接著，她拿下了假髮，並放在車位上，繼續說：「他們必須
接受我原來的樣子，不是嗎？不然他們是不會接受我的，而且我

已經沒有時間了，今天我就必須把真正的朋友找出來。」

她跨出了堅毅的腳步，走了兩步後，又轉頭說：「為我祈禱吧！」

他們說：「會的，寶貝，這才是我的好孩子。」

沒想到，這天真的發生奇蹟了。當她經過運動場時，學校裡的譏笑不見了，更沒有人敢捉弄這個充滿勇氣的小女孩。

最出人意料的是，從這天起，妮姬的身體日漸康復，而且她還從高中一路成長到大學，後來，她也成為另一個勇敢小女孩的母親。

生活上不會有「無解」的難題，端看你願不願意敞開心把問題解開，你的「心」往哪個方向走，你的世界就會往那個方向去，所以，蘇格拉底才會說：「想左右世界之前，先要左右自己。」

當妮姬戴起假髮時，她心中的自卑感，就像許多人習慣用大聲說話來掩飾害怕一樣，不必明說便已顯明。

聰明的小妮姬雖然嘴裡說不在意自己頭髮掉光，但是看著被嘲笑的假髮，她心裡知道，如果自己都不能勇敢地面對別人，用真面貌示人，同學們又怎麼可能會體諒她，接受她呢？於是，小妮姬勇敢地脫下了假面具，光著頭，面對真正能接受她的人，其中也包括她自己。

相信有很多人會發現，原來自己也有著相同的情況，也有著相同的問題癥結，既然面對的問題相同，我們何不向小妮姬學習，用相同的解決方法，重新展開自己的生活呢？

能忍辱，才能負載更重要的事

只要我們能平心靜氣地修持身心，學會控制自己的情緒，自然不會為小事鬱卒，而能輕鬆快意地享受人生。

　　許多人都很容易被他人的批評影響，於是，我們經常見到，有些人為了迎合眾人的目光而委屈自己，另外一些人則為了捍衛自己而針鋒相對，卻也同時造成了彼此的對立窘態。

　　對於別人的惡意批評和羞辱，何必感到鬱卒？不妨一笑置之，就像佛陀曾訓誡的：「不要朝空中吐痰，因為逆風將迎面而來，那非但不會傷到對方，反而是自取其辱，傷了自己的尊嚴啊！」

　　釋迦牟尼佛在世時，曾經有人為了動搖他在信徒心中崇隆的地位，而四處造謠，企圖抹黑他的名聲。

　　不過，佛陀得知後卻始終不予理會。有一天，佛陀在街上碰巧遇到這個專門說他壞話的人，這個人見機不可失，隨即像潑婦罵街一樣連番謾罵。

　　佛陀並不以為意，只是靜靜聽著，等到那個人罵累了，再也編不出壞話時，佛陀才問他：「朋友，如果有人送給你東西，你

不想接受，對於這份禮物你會怎麼處理？」

那個人不假思索地說：「當然是物歸原主呀！」

佛陀點了點頭，笑著對他說：「喔，原來是這樣啊！對不起，剛才聽到你送給我的一些話，我仔細地想了想之後，實在不能接受，不知道是否可以原封不動奉還給你？」

這一問，不只令那個人啞口無言，也讓他登時醒悟自己的謬誤，立刻向佛陀道歉，保證不再胡亂放肆。

相傳在這故事之前，即釋迦牟尼佛誕生前的五百世，據說他曾經被歌利王惡意施以凌遲的酷刑。

有一天，歌利王帶了妃子和宮女們到山中打獵，當時有點疲倦的歌利王打完獵後，便在山上打了瞌睡。

等到他睡醒時，赫然發現身邊的妃子和宮女居然全都不見了，於是立即四處尋找，就在他心急如焚之時，眼前忽然出現了一座山洞，他的妃子和宮女們，居然全部聚集在洞口，聆聽一位僧人說法。

歌利王一看，生氣地指責僧人說：「你居然敢勾引女人？」

僧人淡淡地回答：「我是個無慾望的人。」

歌利王不相信地問：「美色當前，你怎麼可能沒有慾望？」

僧人心平氣和地說：「我在持戒。」

歌利王困惑地問：「什麼叫持戒？」

僧人說：「就是忍辱。」

歌利王一聽到「忍辱」兩個字，冷笑了一聲，忽然把腰間的佩刀一拔，向僧人砍了一刀，問他：「痛不痛？」

僧人說：「不痛。」

歌利王一聽更加生氣，非但沒有停下刀，反而殘忍地將僧人

Change your vision
for the better
＊ 059

身上的肉一塊塊地割下，之後再問：「你恨我吧？」

沒想到僧人仍然平靜地說：「既然無我，哪來的怨恨？」

當僧人話才說完，忽然狂風大作，天龍八部聚集護法，轉眼間，被分解的僧人忽然完好如初。

歌利王一看，害怕得跪了下來，請求僧人饒恕，僧人見他誠意求饒，也立即向天神求赦，天地很快地回復平靜。

歌利王似有所悟，隨即向天發誓，永世向善，而僧人聽見後便對他說：「我若成佛，便先渡你。」

據佛教典籍所說，歌利王就是後五百世釋迦誕生之時的憍陳如。

故事中，佛陀所表現的氣度，與詩人但丁說過的這句話頗為相近：「走你的路，讓人們去說吧！」

這是「忍辱」，也是「寬宏大量」，從佛陀得道的小故事中，我們看見了修身自制的重要性。

對於造謠者，我們不需要理會，因為那些無聊的謠言、八卦，對我們並不會有任何損害，畢竟事實勝於雄辯，我們無須在這些小事中打轉，更不該讓情緒受陷其中，因為眼前的大事，還等著我們去推行和實現。

無論出世還是入世，生命的道理其實是相通的，只要我們能平心靜氣地修持身心，學會控制自己的情緒，自然不會為小事鬱卒，也不會為小事暴怒，而能輕鬆快意地享受自己的人生。

不自尋煩惱，自然不會苦惱

懂得生活珍寶的人，會用心觀察生活中的一切，並轉化為生命活力，並從中獲得創造未來的生命動力。

俄國文豪屠格涅夫曾經告訴我們一個簡單的生活道理：「人每逢為小事不愉快的時候，煩惱就會趁機來威脅他。」

確實，一般人的苦惱、鬱悶，往往來自於對某些小事患得患失，卻不願理智地採取相對應的措施。老是為了無謂的瑣事氣不停，老是為了可以解決的小事浪費時間，這種日子未免活得太沒價值了。

如果你能冷靜理智地面對，放寬自己胸懷，活用自己的大腦，那麼，就不會再為那些無謂的小事鬱卒了。

只要不繼續自尋煩惱，那些讓人苦惱的小事就會出人意料地煙消雲散，生活就不會因為鬱卒而過得團團轉。

我們想要的生活禪機，其實俯拾可得，只要我們訓練自己「眼觀八方，耳聽四方」，自然能像所謂的生活禪師一樣，時時刻刻都能領悟生命中的奧妙。

有一位在家修行的居士，非常喜歡問問題，不論是佛法上，

Change your vision
for the better
* 061

還是關於家庭、個人的事，凡事都要請教師父。

問題是，這位居士什麼雞毛蒜皮的小事都問，而且也不願意自己尋找答案，只想勞煩師父給予明確指示。

日子久了，修行不夠的他，發現師父居然能不必等他問完話，便輕鬆把答案說了出來，不禁心生疑惑，暗中想著：「難道師父有不為人知的神通？」

於是，他居然興起了試探師父的念頭。

這天，他又來請教師父：「師父，為什麼會有『團團轉』的情況？」

「因為，被束縛在繩子上了。」師父隨口而答。

聽見師父的答案，居士非常驚訝，忘了要如何說話。

師父見狀，忍不住問：「居士，什麼事令你如此驚訝呢？我答錯了嗎？」

居士連忙搖了搖頭，回答說：「不！師父答得很對，我只是對您的智慧，深感驚訝與敬佩！」

師父看著居士，笑著問：「怎麼說？」

居士這才慚愧地說：「其實，這個答案我早就已經知道，因為今天我在路上看見一頭牛，被一條繩子穿了鼻子纏在樹腰，儘管這頭牛很想走動，然而不管怎麼轉都無法脫身。我猜想，師父應該不曾見過這樣的景象，應該答不出來，沒想到……」

師父微笑地說：「沒想到，我說出了正確答案？所謂一理通百事，你問的是牛被繩子縛住而不得解脫，然而，我答的卻是人心被外在環境束縛而不得解脫，兩者事理是同理可證的啊！」

師父繼續教導著：「眾生就像那頭牛一樣，讓許多煩惱的繩子纏住，以致人人都在痛苦深淵裡輪迴，所以，我們要精進修

學，用智慧的剪刀把繩子剪斷，以求解脫，獲得安樂自在的生活，明白吧！」

居士聽完教訓，恍然大悟，對師父也更加佩服。

思考著「團團轉」三個字，不知道你是否也領悟了其中旨意？

許多人總愛在小問題上打轉，讓原本輕鬆易解的小事，因為一顆打不開的心，而演變為大麻煩，所以故事中的禪師訓誡我們：「不希望生活痛苦，就別鑽牛角尖，自尋煩惱。」

「一理通百事」，所謂的生活哲理或是佛理禪機，其實一直與我們生活在一起，懂得這個生活珍寶的人，會用心觀察生活中的一切，並轉化為生命活力，還會細心照料這些難能可貴的生活片斷，並從中獲得創造未來的生命動力。

喬治‧彭斯曾說：「如果有什麼事不是你的力量所能控制的，那麼就沒有必要發愁，如果你還有什麼辦法可想的話，那麼還有什麼好發愁的？」

其實，人們煩惱的最大來源，在於對小事的患得患失，如果你能看透這層道理，懂得有所取，必須有所捨，那麼你就不會再為小事鬱卒。

有智慧人絕對不會為了小事大發脾氣，也不會讓小事不停折磨自己，因為他們非但不會讓小事影響自己的情緒和想法，還會試著把小事化為成就大事的墊腳石。

PART 3
咬緊牙關才能衝破難關

面對困難的時候，如果你能緊咬著牙關前進一步，

在眾人都放棄時再多堅持一秒，

那麼最後的勝利，也就非你莫屬了。

做自己生命舞台的英雄

勇於自我挑戰的人，即使失敗了，也仍然是人
群中佼佼者。因為他會不斷地激勵自己，朝更
高的人生境界前進，更會從失敗中創造成功。

　　沒有人能保證每件事都會成功，就算遇上無法避免的失敗，
也要盡全力把它做到最好，才能宣告結束。

　　這才是面對問題時最佳的處理方式。

　　不管在比賽場合或現實生活，拳王阿里都是用積極的方法，
來向自己挑戰，並且激勵自己。

　　多年前，拳王阿里復出與弗來奇爾比賽。在記者會上，阿里
仍然像和諾馬士的那場比賽一樣，在還沒有開戰前，就先宣稱自
己會獲得勝利。

　　這也是他早期的拳擊生涯中，經常運用的招術，以預測對手
的實力來評量自己的勝算，事實上，當時的阿里和對手們的實力
其實相差無幾，甚至有時候還遠不如他們。

　　現在，阿里離開了拳擊場多年之後，再一次出賽，對手名叫
弗來奇爾，是拳擊場上的常勝將軍，但阿里居然仍誇口自己會贏

得勝利。不過，這次他預估錯了，因為他輸了，最後一役的辛苦應戰，也失敗了。

比賽結束後不久，美國有家電視台邀請阿里上節目接受訪問，許多人認為他吹破了牛皮，上電視節目時一定會被現場觀眾們以噓聲回應。

可是，當阿里出現時，卻獲得現場觀眾們的熱烈掌聲，因為沒有人認為他是在愚弄自己，反而認為阿里是一個以自己名譽做賭注的勇士，即使結果未如他所言，但是比起他的勇氣，勝負只是鴻毛，不值一提。

你還在計較那少了一分的失敗，還是面子不足所少的那一分成功嗎？

這一分真的有那麼重要嗎？一路走來，你是原地踏步還是往後退步的多呢？如果兩者都有，那麼你目前的成功，其實是一種失敗。

凡是勇於自我挑戰的人，即使失敗了，也仍然是人群中佼佼者。因為，他會不斷地激勵自己，朝更高的人生境界前進，更會從失敗中創造成功，除了自我設限之外，沒有任何被他人牽制的藉口。

失敗和成功其實相隔不遠，只要願意堅持到底、盡力而為，你就是自己生命舞台的英雄。

咬緊牙關才能衝破難關

面對困難的時候，如果你能緊咬著牙關前進一步，在眾人都放棄時再多堅持一秒，那麼最後的勝利，也就非你莫屬了。

法國哲學家伏爾泰說：「我們不該為人生的苦難和生命的短促而嘆息，相反的，應該為人生的幸福和生命的持久而慶幸。」

勇敢面對困難，就會讓你的生命充滿希望和活力；具備解決困難的智慧，就會讓你活得更光明，更喜悅。

一九九七年四月的某個星期日，高爾夫球好手老虎伍茲揮出的最後一桿，不僅讓他贏得了該年的冠軍賽，更刷新了歷史的紀錄。

雖然許多人認為，他能在那場比賽中出人頭地是靠運氣，但熟悉他的人都知道，這個冠軍其實全靠他的堅持得來的。

因為，老虎伍茲把所有時間都放在高爾夫球的練習上，就為了獲得這場冠軍賽的參加資格。

在冠軍賽的前兩年，伍茲為了累積實力，幾乎天天廢寢忘食地練習，不怕挫折的他，就算再枯燥、再艱苦的訓練，也從來都

沒有任何怨言，和一絲絲放棄的念頭。

因此，他之所以能成為高爾夫之冠，贏得五千萬以上的身價，可以說是實至名歸。

時裝名人湯米・希爾菲傑也是如此，他以汽車的行李廂，做為他第一家服飾店的開始。

剛開始時，日子過得非常艱苦。他通常會把車子停靠在路邊，向來往的行人兜售藍色牛仔服，雖然他遇上一次又一次的打擊，甚至面臨了破產的危機，都能以無比的韌性堅持下去、努力奮鬥。

他相信這個夢想一定能讓他走向成功，而在他的堅持和不放棄之下，如今他的公司年收入已超過了五億美元，成為美國最知名的品牌之一。

遭遇困難的時候，絕大多數的人總是找盡各種藉口，編織各式理由，試圖掩飾自己的懦弱、退縮。但是，事實真的像他們形容的那樣艱難嗎？

逃避和退縮並不能使人好過，只會使人輸得更難受。

前芝加哥比爾斯隊的教練迪卡斯，說過一句名言：「只要你不退出，你就不會輸。」

「不放棄，不退縮」，是成功者的座右銘，也是生活中最常用來勉勵的話，不知道你是不是做得到呢？

面對困難的時候，如果你能緊咬著牙關前進一步，在眾人都放棄時再多堅持一秒，那麼最後的勝利，也就非你莫屬了。

不斷創新，生活就會充滿活力

> 每一件事物，都會因為看的人不同，身處的環
> 境不同，而有不同的呈現和風貌，只要用心，
> 你的生活面貌就不會只有一個模樣。

　　生活既是心靈與世界進行的光合作用，也是生命歷程的奮鬥
和享受。

　　想要活得自在快樂，人就必須熱愛自己生命中的一切，如此
一來，生活才會不斷激發創意，充滿驚喜與樂趣。

　　真正成功的人們，總是不斷地探索新奇、動人的事物，也不
停尋求解決問題的新方法。

　　他們認真試驗，不斷挖掘，在這些人的字典裡沒有「墨守成
規」，只有不斷的創新和發現，每天都是朝氣蓬勃的新的一天。

　　二十世紀初，世界畫壇出現了一位天才畫家──畢卡索。

　　他在十六歲那年，就因舉辦了個人畫展而一舉成名。畢卡索
一生所留下來的作品將近有四千五百多件，這些作品記錄了他所
經歷的各種不同時期的畫風，也記錄了當時繪畫的流行與變化。

　　但是，由於他的畫作太有創意、變化豐富，反而被當時保守

的人士視為眼中釘，並且被評為「不合高尚藝術的低級品」，也令當時的人們對他的作品接受度不大。直到近代，畢卡索才被稱為天才型畫家，是二十世紀藝術界的奇葩。

　　對畢卡索而言，世界上的各種事物，就算再怎麼普通，他都會像第一次看到一樣，充滿著新鮮感，眼神中更是充滿著想像與好奇。一直到九十一歲去逝的前幾天，他都還拿著顏料和畫筆，不斷地創作著新作品。

　　許多畫家在創造了一種適合自己的繪畫風格後，便不再改變，特別是當他們的作品得到人們認同後，風格就更加確定了。然而，畢卡索不同，他像終生都沒有找到屬於自己的特殊畫風一般，不停地創新、嘗試，終其一生都在尋找最完美的風格，似乎唯有如此才能表達他的真正心靈。

　　所以，畢卡索可以創作各種風格迥異的畫作，每一件作品的表達，他都要求有不同意境的呈現。

　　他竭盡所能地把眼睛所看到的東西，淋漓盡致地表現出來，讓我們的想像空間也能有所感應，能與他的作品一起發現、探索。

　　俄國文豪托爾斯泰曾經勉勵世人要有正確的生活態度，他說：「生活不是辛苦的工作，而是愉快的享受。」

　　生命的寬度及廣度，其實全在於我們看待生活的態度。在那些不甘於平庸的人眼中，生活既是一種心靈的修練，也是一種心靈的享受。

　　終其一生，畢卡索都在探索這個美麗而新奇的世界，而他的

一生，是那些只會安逸生活、平淡渡日的人，所無法想像的精采人生。

許多人只會翹著嘴說：「生活無聊」，卻不知道生活周遭有多少新鮮事等著我們去發現。

每一件事物，都會因為看的人不同，身處的環境不同，而有不同的呈現和風貌，只要用心觀看，你的生活面貌就不會只有一個模樣。

保持童心，就能讓生活有藝術感，更能讓你的工作充滿活力和動力。

這是畢卡索說的，不相信嗎？那麼看看畢卡索的畫吧！相信從他的畫中，你會得到不同的啓發。

想達到巔峰，就別怕任何磨練

> 只要你能克服一路上的磨練，那麼對你來說，
> 往後所有的難題，都只是件簡單易解的小問題
> 而已。

在生活中，我們有許多磨練的機會，想要脫胎換骨，你就必須認真地接受每一次的磨練，想達到事業的巔峰，任何問題你都必須親自克服，如此一來，你才能真正享受成功的喜悅。

相傳，很久以前阿拉伯有一位著名的馴馬師，凡是他馴練出來的馬，每一匹都是寶馬良駒，非常受到愛馬人士的肯定。

認識馴馬師的人都知道，每天早上他會指揮著一群馬，在馬場上繞圈跑步，馬群中有雄健的成馬，也有年齡尚幼的小馬，馴馬師從來不把牠們分齡訓練。而馴馬師的助手則一邊喝斥著馬匹，一邊抓著馬鞍左右跳躍，看起來就像馬戲團的特技表演一樣。

正午時分，太陽最烈的時候，經常可以見到馴馬師和他的助手騎著馬，往沙漠中奔去，直到下午四點左右才回來。有人發現他們從沙漠回來的時候，手上會拿著一把彎刀，像是出征歸來的

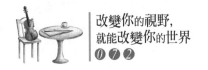

樣子。

　　曾經有人問馴馬師：「為什麼要叫這些馬匹繞圈子？」

　　馴馬師回答：「因為那些小馬會跟在成馬的身後，跟著學習聽口令和順服。沒有成馬帶領，小馬不太容易調教，如果我是老師，那成馬就是家長，我在進行教導，父母則在一旁輔導，這樣的合作關係是缺一不可的。」

　　有人又問：「為什麼助手要抓著馬鞍左右跳躍呢？」

　　馴馬師說：「那是在教馬兒學會平衡，維持牠們的穩定性。」他接著又說：「而正午時分的訓練，則是要讓馬兒們忍受高溫的磨練，凡是經得起這種訓練的馬匹，才能成為優秀的千里馬。至於彎刀，則是故意舞弄給馬兒看的，利用閃爍的刀光來刺激馬的眼睛，經歷了這些，牠們如果還能鎮定自若，就會是最好的戰馬。」

　　就像那些被訓練的馬匹一樣，我們也都經歷了一連串潛移默化的訓練，才能在面對問題時知道如何解決，遇上困難時能一一克服。

　　雖然，你不必在烈日炎炎時到沙漠裡奔跑，不過你所要經歷的磨練，有時卻比在烈日下奔跑來得更加辛苦。

　　只要你能克服一路上的磨練，那麼對你來說，往後所有的難題，都只是件簡單易解的小問題而已。遇到困難之時，就算是在烈日下奔跑，你也會跑得比別人輕鬆而自在。

轉化心情做自己的主人

只要盡了全力，就能把命運視為使命，不管面
對再多的艱難和困苦，只要能把心情轉化，我
們就一定能控制自己的命運。

你會怎麼看待你所面臨的難題？是被這些困難壓得喘不過氣？
還是轉化心情，努力克服？

不管你用什麼方法，最重要的是，不要被麻煩絆倒了，任何
問題都一定會有解決的方法。

在古希臘神話中，有一個小仙名叫西西弗斯，因為犯了天
條，所以被天神懲罰到人世間受苦。他所受的懲罰就是：把一塊
石頭推到山頂上。

這項工作看起來似乎很容易，但當西西弗斯費了九牛二虎之
力，好不容易把那塊大石頭推上山頂後，一停下來休息，大石頭
竟然又自動地滾回山腳下了。於是，西西弗斯得一次又一次地把
那塊大石頭推回山頂。

這就是西西弗斯所要面臨的嚴厲懲罰：一個永無止境的挫
折。天神的真正目的，便是要折磨他的心靈，讓他在「永無止境

的失敗」中受盡煎熬。

每當西西弗斯把石頭推上山時,天神都會故意打擊他,說:「你絕對不可能成功的。」

但西西弗斯一點也不認命,他不讓成功或失敗的結果困住,總會告訴自己說:「把石頭推到山頂是我的責任,只要我把石頭推上山頂,我的責任就盡到了,至於石頭是不是會滾下來,那就不關我的事了。」

當西西弗斯想通之後,每天都非常努力地把石頭推上山。他的心情非常平靜,因為他會安慰自己,明天他還是能把石頭推上山,明天仍有工作可以做,明天還有希望。當天神發現,西西弗斯已經能轉化自己的心境,他所要懲罰的目的已經達到時,便讓他重回天庭了。

對於那些加諸在自己身上,不得不做的事情,你可以滿懷哀怨地把它當成宿命,也可以鬥志昂揚地把它當成使命。

你的態度,毫無疑問地將會決定你的人生高度。

西西弗斯的「永無止境的失敗」,或許可以解釋為我們一生中所可能會遇上的困難。

也許你和西西弗斯一樣,每天非常努力的工作,但是,西西弗斯面對命運的態度,不知道你是否學會了?

只要盡了全力,就能把命運視為使命,不管面對再多的艱難和困苦,只要能把心情轉化,我們就一定能控制自己的命運。

寶藏就在你身上

任何好高騖遠的追求，都遠不如挖掘身上的寶藏，只要懂得開發自己的潛能，你就能實現自己的美麗夢想。

英國名作家狄更斯曾經在他的著作中告訴我們：「一個知足的人，才能徹底享受生活。」

生活應該是內心活動的真實投射，無法靠外在的附加品提昇內在的價值。可是，許多人卻忘了這個簡單的道理，忘了挖掘自身的寶藏，反而捨近求遠，讓自己活在虛妄的追求中。

其實，財富不是非得「捨近求遠」才能獲得，它是屬於那些相信自己能力的人，聰明的人會懂得珍惜、善用身邊的寶藏，絕不會毫無根據地茫然追尋遠在天邊的神話。

在非洲有一個農場主人，一心一意只想著要發財致富。

某天傍晚，一位珠寶商前來借宿，在餐桌上，農場主人對著珠寶商問了一個放在心裡許久的問題：「請問，什麼是世界上最值錢的東西？」

珠寶商回答：「當然是鑽石最值錢囉！」

農場主人又問：「喔，那要在什麼地方才能夠找到鑽石？」

珠寶商回答說：「這就很難說了，鑽石可能藏在離我們很遠的地方，也可能就在你我的身邊。不過，我聽說，非洲中部的叢林裡可能蘊藏了非常豐富的鑽石。」

第二天，珠寶商離開了農場，但農場主人卻激動得一夜未眠。他想著珠寶商的話，並馬上做了一個決定：將農場以低廉的價格，賣給一位年輕的農民，並且立即出發，去尋找那遠方的寶藏了。

第二年，那位珠寶商又路過農場，同樣在這個農莊裡借宿一晚。

晚餐後，年輕的農場主人和珠寶商在客廳裡閒聊，突然之間，珠寶商兩眼發亮地望著書桌上的一塊石塊，神情極為認真地問道：「這塊石頭是在哪裡發現的？」

農民說：「在農場旁的小溪中發現的，有什麼不對嗎？」

珠寶商非常驚訝地說：「你知道嗎？這可不是一塊普通的石頭，這是一塊天然的鑽石啊！」

於是，他們興奮地來到溪邊，在同樣的地方又發現了一些天然鑽石，後來經過專家的勘測，發現這整個農場的地下，竟蘊藏著巨大的鑽石礦產。

年輕的農場主人意外地成了億萬富翁，至於，那位跑到遠方去尋找寶藏的老農場主人，卻是一去不返，聽說他成了一名乞丐，最後跳進河裡失蹤了。

思蒂恩·羅賓遜與湯姆·柯培特合著的《夢想家的字典》裡

Change your vision
for the better
＊077

提醒我們一件相當重要的事：「如果你想要成功，那麼，就不要盲目追逐潮流，不管做什麼決定，都要先妥善地評估自己，先問問自己想做什麼，又具備哪些能力、條件。」

美國激勵大師安東尼‧羅賓曾經一再勸告我們說：「任何好高騖遠的追求，都遠不如挖掘身上的寶藏，只要懂得開發自己的潛能，你就能實現自己的美麗夢想。」

這樣的故事也許近似神話，但是，寓意卻非常深遠，因為只有當你明白身邊每一個機會的無價時，你才會發現「近在咫尺」的寶藏。

唯有知道自己的能力所在，了解自己內在的潛能，你才能認真開發自己身上的「鑽石」；不必千里迢迢地尋找外在事物的肯定，你就能以自己所擁有的寶藏為榮。

能為團體努力，便所向無敵

想擁有一個合作無間的團隊，便要拿出自己的
熱情，為團體努力，如此一來，你將以身為其
中一員為榮。

英國有一名酪農，因為支持的巴西隊輸了球，感到非常生氣，
就把自己所養的名為「羅納度」的大公牛給閹了。

也有媒體因為球技高超的羅納度進球成績不佳而將他批為罪
人。然而，團體運動的勝敗豈是一個人就能決定的？

任何事業的成功，都是靠眾人的力量再加上團隊精神而達成。
不管是誰，都不能小看自己在團體中所扮演的重要角色。

有一天，一隻雲雀見幾頭獅子追逐著一群斑馬，眼看就要接
近了，斑馬驀地停下，迅速圍成一個大圓圈，一個個頭朝裡、尾
朝外，獅子衝上前時，才剛碰到斑馬的尾巴，便有一隻隻強勁的
後蹄亂踢過來，重重捶打在獅子的腦袋和身上。

獅子吼聲震天，卻無可奈何，最後只能放棄即將到手的獵
物，垂頭喪氣離開。

雲雀覺得斑馬的圓圈陣非常高明。

第二天，雲雀在藍天裡唱歌，卻發現那幾隻雄獅，緊緊追趕著一群野牛，當距離越來越近時，野牛們呼啦一聲散開，形成了一個大圓圈。可是，牠們一個個頭朝外，尾向裡。

雲雀急壞了，飛來飛去喊道：「你們站錯了，快，重來，像斑馬那樣，頭向裡，尾對外！」野牛們雖然聽到了，卻不加理睬，鎮定地屹立著不動。

一隊大雁在牛陣上空飛動，聽到雲雀的呼喊，領頭雁立刻制止道：「雲雀，別瞎叫了，野牛這樣布陣是有道理的。」

談話間，飢餓的獅子張開血盆大口，兇狠地撲向野牛。野牛們肩並肩，一齊舞動著頭上的兩隻銳角，迎擊外敵。進攻的獅子，被尖角刺得頭破血流，狼狽不堪，夾起尾巴逃竄了。

雲雀長長地呼了一口氣，讚嘆說：「哇，野牛站的位置雖然與斑馬不同，倒也挺管用的。」

領頭雁嘎嘎地笑了：「牠們為了發揮自己的本領，站的位置確實相反，不過，牠們的精神都極為可貴，在強敵面前，總是能團結一致！」

不要認為自己在團體中微不足道，便不願努力；只要集結所有微小的力量，就可以爆發出驚人的威力。

就像斑馬和野牛群，如果其中有任何一隻動物因為害怕而臨陣脫逃，使得圍成的圓圈出現漏洞，獅子就能突破重圍，造成一番死傷場面。

在季節交替時，蹬羚遷移的過程是這樣的：一群蹬羚必須越過滿是鱷魚的河川才有辦法到達對岸。牠們一隻隻毫不退縮地往

水裡奔去，前頭的蹬羚被鱷魚攻擊的同時，後頭的蹬羚便趁機快速通過河川。

在團體的活動中，若是自私地為了追求個人的榮譽而特立獨行，只會導致整個團隊的失敗。

團隊的榮耀是建立在每個分子共同的努力和真誠的貢獻之上的，缺一不可。

想擁有一個合作無間、默契十足的團隊，便要拿出自己的熱情，為團體努力，如此一來，你將以身為其中一員為榮。

PART **4**

勇於面對，
才能解開心結

生活中沒有解決不了的問題，
人與人之間也沒有必須的敵意與敵對，
特別是面對自己身邊的人。

不要為了眼前的不如意喪氣

抗壓力越來越弱的現代人，你是否願意重新給
自己一個機會，接受這些叮嚀和鼓勵，繼續堅
持，不再輕易放棄呢？

　　挑戰，通常充滿了難以預料的變化和未知數，所以不是每個
人都敢讓自己處於隨時面臨挑戰的環境。但是，大多數人都忘了，
其實真正的成功，卻總是存在於這些變化和未知裡。

　　想要迎接挑戰、克服困難，首先就得要不在乎別人的懷疑和
嘲笑，並且相信自己所做的是最好的選擇。

　　人生隨時都會有新的開始，每一個新開始也都像嬰孩學步一
樣，第一步都會跌倒，即使順利地走了兩步路，也還是會有跌倒
的時候。

　　但是，如果跌倒後就不願再站起來，繼續試著邁出自己的步
伐，我們現在又怎能「健步如飛」？

　　每當皮爾失意時，母親都會對他說：「不要為了眼前的不如
意沮喪，只要你能堅持下去，好運總有一天會出現，而且你也將
發現，如果沒有這些失望的經驗，你永遠也不會知道什麼是好

Change your vision
for the better
＊083

運，不是嗎？」

母親的這番話，直到大學畢業後，他才有切身體驗。

當時，他決定到電台找份工作，希望能成為一名專業的體育播音員。畢業典禮後的第二天，皮爾就走遍芝加哥的每一間電台的大門，但是一天下來，他碰了一鼻子的灰。

到了傍晚，他走進了一間播音室，裡面有位和氣的女士告訴他：「你的資歷太淺了，大電台是不會僱用新手的，我想，你不妨多找幾家小電台，機會或許比較多一些。」

皮爾說了聲謝謝，便搭便車回到了迪克遜，這裡雖然沒有電台，但是皮爾的父親告訴他：「蒙哥馬利・沃德公司在這裡開了一家商店，正需要一名當地的運動員去經營他的體育專櫃。」

於是，皮爾以大學時的橄欖球隊經驗，希望能應徵進入這間體育用品公司工作。

但是，幸運之神似乎仍未出現，他再次失敗了。

看到情緒低落的皮爾，滿臉失望的神情，母親再次鼓勵兒子：「放心，只要繼續努力，機會一定會出現。」

於是，他又借了父親的車，來到七十英哩外的一家電台。

這家電台的節目部主任名叫彼特・麥克阿瑟，他親切地對皮爾說：「對不起，我們已經找到播音員了！」

皮爾一聽，不禁大失所望，嘆了口氣說：「不能在電台工作，我又怎能成為體育播報員呢？」

誰知，皮爾走來到電梯時，彼特・麥克阿瑟突然又走了過來，問他：「你剛才說，你曾經是橄欖球員嗎？」

皮爾點了點頭，接著彼特・麥克阿瑟讓皮爾站在一架麥克風前，請他憑想像，播報一場橄欖球賽。

　　皮爾想起了前年的秋天的一場比賽，他用最後二十秒的時間，以一個六十五碼的猛衝擊敗對手的精采戰況。用親身經歷進行的試播自然精彩萬分，試播之後，皮爾馬上被告知：「星期六要轉播的那場比賽，就看你囉！」

　　在回家的路上，皮爾想起了母親的話：「堅持下去，好運一定會到來。」

　　有句西方諺語：「堅忍是成功的要素，只要你在門上敲得夠久夠大聲，一定能把人們喚醒。」

　　這個道理就像皮爾的母親經常對他說的：「只要你能夠堅持下去，好運總有一天會出現！」

　　抗壓力越來越弱的現代人，你是否願意重新給自己一個機會，接受這些叮嚀和鼓勵，繼續堅持，不再輕易放棄呢？

　　「跌倒了再站起來」，不是老生常談，而是連接我們成功目標的重要紅線，只要我們能不斷地再站起來，我們便一定能體會這個簡單的道理：「堅持下去，你就會遇見好運！」

Change your vision
for the better
＊085

掌控自己的命運，就不會厄運纏身

沒有人可以逼你放棄希望，即使狂風暴雨也不
能吹熄你的夢想，因為真正能掌控我們的人，
只有我們自己。

　　法國文豪大仲馬曾經在他的著作中寫道：「未來有兩種前景，
一種是猥猥瑣瑣的，一種是充滿理想的。上蒼賦予人自由的意志，
讓人可以自行選擇，你的未來就看你自己了。」

　　人生本來就充滿選擇，如何面對發生在自己眼前的事情也是
一種選擇，你的視野將決定你未來的世界。

　　如果，你經常爲了小事糾結，在你的腦海中只有不幸的念頭，
那麼在你的現實生活中必定會是不幸的。

　　因爲，你的生活腳步會跟著心的方向前進，朝著「不幸」的
方向走去，這不是什麼神奇巫術，而是心理學上常說的「自我暗
示」。

　　博格在二十五歲，事業到達巔峰那年，正準備迎娶美嬌娘。

　　然而，就在這時，厄運找上了他。

　　那天，他和一位朋友開著車，要到未婚妻家談論婚禮的事，

由於路途遙遠，博格開了八個小時之後，發覺自己精力似乎不太行了，於是，便請朋友來駕駛，豈料從此改寫博格的命運。

其實，開夜車實在是件很辛苦的事，除了視線不佳之外，體力也是一大考驗。

一個半小時之後，朋友就因打瞌睡，伏在方向盤上睡著了，失去掌舵的方向盤，就這樣連人帶車朝山壁撞去，車子停下來時，博格已經不醒人事了。

當他醒來時，醫生宣佈他半身癱瘓，於是博格新的生活便在這種情況下，重新寫過。

醫生說，他再也不能開車了，生活上也得完全依靠他人，甚至還有人建議他，別再提結婚的事了。

博格心中非常害怕，他害怕醫生的話將變成事實，博格躺在床上想：「我的希望和夢想還在嗎？我還能從頭開始嗎？」

博格閉上了雙眼，他害怕看見眼前的世界會是一片黑暗。

這時，母親來到他身邊說：「孩子，一切都會過去，然後你會發現，你的生活將比過去更精采。」

博格深深地思考母親的話，忽然感覺到希望和熱誠的光芒正環抱著他，因此下定決心：「我不能就這麼放棄！」

從那天起，博格努力地做復健，慢慢地他可以走動了，也可以開車了。

一年後，博格沒有像醫生所預期地癱瘓在床上，他完全靠自己的力量打理生活，絕不假手於他人，不久美嬌娘也娶進門了。

博格現在擁有一家公司，也是一名專業的評論家，還寫了一本《奇蹟如此發生》的暢銷書。

　　為什麼博格能完成種種不可思議的奇蹟？

　　因為，他只記得母親的鼓勵話語，並拒絕了醫生和其他人的喪氣話。

　　如果博格當初選擇了醫生和朋友們的喪氣話，拒絕了母親的鼓勵，相信博格真的要一輩子躺在床上，靠別人生活了。

　　還好，博格並沒有那樣選擇，他聽信了母親的話，也選擇了自己想要的夢想人生，積極地改寫自己的命運，不讓厄運纏身，因為他清楚地知道：「未來就在我手中，我必須靠自己力量再站起來。」

　　看著博格的積極態度，還在埋怨天不從人願的你，何不讓夢想再次走進你的心田，讓陽光繼續照耀你的希望種籽呢？

　　沒有人可以逼你放棄希望，即使狂風暴雨也不能吹熄你的夢想，因為真正能掌控我們的人，只有我們自己，只要我們不放棄，就沒有人能帶走我們的希望，也沒有人能奪走屬於我們的機會！

勇於面對，才能解開心結

生活中沒有解決不了的問題，人與人之間也沒
有必須的敵意與敵對，特別是面對自己身邊的
人。

人與人之間哪來的那麼多仇恨？

沒有相識一場，又怎麼會與人結怨？既然人與人都是從「相
識相知」開始的，就算後來情誼無法再回到最初相識之時，只要
你願意，彼此之間至少也能來個「好聚好散」。

迪克森的祖母在年輕時曾有個宿敵，她是威爾斯太太。

兩個女人之間的敵對是怎麼開始的，大家都已經忘了，不過
小迪克森卻清楚記得，小時候經常目睹的「戰鬥」過程。

像是威爾斯太太幫助侄女當選圖書館管理員，導致迪克森的
姑姑落選後，迪克森的祖母便停止借閱圖書館的圖書。

還有一次，迪克森和幾個朋友們把一隻蛇放進威爾斯家的水
桶中，祖母看見時只是象徵性地反對一下，卻不阻止孩子們的行
動，任由他們惡作劇，甚至在她的臉上還出現了高興的神情。

其實，迪克森這麼做，威爾斯太太的孫子們當然也會如法炮

Change your vision
for the better
＊089

製，他們就曾經在天氣晴朗的時候，趁迪克森家晾完衣服後，把全部床單和衣物弄髒，讓迪克森的媽媽重新洗過。

迪克森不禁回想：「當時，我經常想，面對威爾斯家這些騷擾和敵意，祖母怎樣忍受得住？」

後來他才知道，祖母在《波士頓報》上的一個家庭版，結識了一位化名為海歐的筆友，她倆保持了二十五年的通信聯繫，迪克森的祖母把這位筆友視為親姐妹一樣，不管心中有什麼話，都告訴了海歐，而海歐也會回信安慰她，並教導她如何把心放開。

在迪克森十六歲那年，威爾斯太太不幸病逝，依當地風俗，住在同一個小鎮上的居民，不管對這位隔壁鄰居有多憎惡，面對死亡，大家還是會自發地幫助死者家屬，這其中當然也包括迪克森的祖母。

這天，祖母穿了一件乾淨的圍裙出現在威爾斯家，表明她想要幫忙的誠意，於是威爾斯家的女兒便請她幫忙打掃前廳，以備葬禮時使用。

就在此時，迪克森太太發現桌子上有一本剪貼簿，而在剪貼簿裡，她看見了她寫給「海歐」的信和「海歐」準備寫給她的回信。

忽然間，迪克森的祖母放聲大哭，她這時才知道，生活中的死對頭居然是她最重要的心靈之友！

那是迪克森唯一一次看到祖母放聲大哭，後來他才明白奶奶的「哭泣」：「她哭泣是因為，友好的時光再也補不回來了。」

我們經常笑說夫妻關係是「冤家聚首」，總是要吵鬧過後才

能讓感情更進一步，其實一般情誼又未嘗不是如此？

事實上，我們也時常見到兄弟姊妹之間，或親朋好友之間，大吵一架之後，終於誤會冰釋，感情也比從前更好。

是冤家還是朋友，其實就看我們怎麼去看待，怎麼去溝通。沒有人能真正地如膠似漆，即使是恩愛夫妻也會有小爭執，只是在爭執發生的時候，他們不冷戰，不逃避，而是選擇面對和溝通。通常，只要放下手上的雜事，找出解決問題的方法，就能打開兩個人心中的結。

那麼，我們之間的友情是不是也應該如此？

看著迪克森老奶奶的遺憾，在你心中是否也有著同樣的擔憂，擔心有一天也會發生相同的「遺憾」呢？

假使不希望人生有任何遺憾，那麼就快點敞開心溝通吧！

生活中沒有解決不了的問題，人與人之間也沒有必須的敵意與敵對，特別是面對自己身邊的人，因為，即使彼此是「冤家相聚」，也要兩人結緣了千百年，才能在人世再次相逢啊！

實踐，就能達成志願

> 別再讓自己，純羨慕，別人成功實現夢想，人
> 類都已經準備在火星上尋找新的桃花源地了，
> 我們還有什麼夢想不能實現呢？

你還記得小時候寫下的第一志願嗎？如今，你是否實現了當初的夢想？

或許有人早已放棄，或許有人正在努力實現，然而不管有沒有實現，當你完成「夢想」的藍圖之後，必須清楚地知道一件事：「關於夢想，沒有人能逼我們放棄，也沒有人能阻礙我們實現的決心，因為，能不能實現和外在環境無關，全看我們自己！」

當你在規劃人生的藍圖時，不要在意別人脫口而出的批評，因為，這些輕蔑和刻薄的話語，通常是毫無根據的。

只要掌握自己的人生方向，明確定出自己的奮鬥目標，就沒有什麼難堪的話語會讓你將時間浪費在鬱卒上。

蒙提有座非常大的牧場，經常借給朋友們舉辦募款活動。

今天，牧場又有一場活動要舉辦了，這次主辦的友人力邀蒙提前來致詞，蒙提也開心地答應了。

當蒙提站到講台上時，清了清嗓子，接著說：「今天我讓傑克借用這個牧場是有原因的，這和一個小男孩有關。」

蒙提擔心自己會說得太久，便看了看主辦人傑克，只見傑克站起來說：「我們就來聽聽牧場主人的故事吧！」

一陣掌聲響起，大家熱情地等待聆聽蒙提的故事。

蒙提說：「那個男孩的父親是位馬術師，從小他便跟著父親東奔西跑，一會兒在馬廄餵養馬兒，一會兒在牧場訓練馬匹。由於過著四處奔波的生活，男孩的求學過程並不是很順利。初中時，有位老師要全班同學寫一篇文章，題目是《我的志願》。」

蒙提停了下來，喝了口水，繼續說：「那天晚上，小男孩洋洋灑灑地寫了七張紙，仔細地描述著偉大的夢想，他想要建造一座屬於自己的牧馬場，他還認真地畫了一張二百畝的農場設計圖，上面標示著馬廄、跑道……等等，最後，他還在這一片農場的中央，設計了一棟四千平方英尺的大宅院。他花了一整個晚上才完成這篇『作文』，第二天便開開心心地交給老師。然而，兩天之後，當他拿到作文時，看見第一頁被打了一個大 F，旁邊還寫了一行字：『下課後來找老師。』當時，滿腦子相信夢想可以實現的小男孩，困惑地帶著作文本去找老師。」

蒙提看著一對對專注的眼神，忍不住停了一下，並製造一下氣氛。

蒙提問：「你們一定也很好奇吧！」

台下的聽眾很有默契地點了點頭，蒙提笑著說：「是啊，小男孩也不懂，所以他進辦公室便問老師：『這樣為什麼會不及格？』老師回答：『你年紀這麼輕，就老是做白日夢，這怎麼行？你想一想，你家裡沒錢，又沒家庭背景，幾乎什麼好條件都

Change your vision
for the better
＊093

沒有，怎麼可能蓋一座那麼大的農場？你知道那要花多少錢買地、買馬嗎？別好高騖遠啊，孩子！』老師接著說：『如果你肯重寫過，寫一個別太離譜的志向，我會重新再幫你打分數。』小男孩回家後，反覆地想了好久，最後他忍不住向父親說出心中的疑問，他的父親只對他說：『孩子，這是一個非常重要的決定，你必須自己拿定主意。』於是，小男孩再三考慮之後，他決定要原稿交回，而且一個字也不改，交稿時他說：『即使是零分，我也不會放棄自己的夢想！』」

　　說完，蒙提便拿出一份稿子，對聽眾們說：「這就是初中時那份的作文，至今我仍然好好地保存著，而各位現在就坐在稿子中的二百畝農場上，那個四千平方英呎面積的華宅裡。」

　　蒙提看了台下的人，微笑著說：「去年夏天，故事中的老師帶了三十位學生來我的農場露營，離開前他說：『蒙提，我實在有些慚愧，初中時我曾經潑過你冷水，還好你有這份毅力，堅持實現自己的夢想，否則我便成了抹煞夢想的殺手，從今天起，我會給孩子更寬廣的視野與更熱情的支持。』我相信，未來將有更多的夢想農場出現，你們說是不是呢？」

　　看到蒙提實現夢想，你心中的夢想翅膀是否也蠢蠢欲動？

　　每個人的心中都有一座夢想花園，然而這片花園能否結出美麗的花朵和累累的果實，有沒有辦法從腦海中的虛擬幻境，變成真實存在的場景，端看造夢者如何去追夢了。

　　想實現夢想的人，很少會被外在環境所侷限，當然也不會被年齡圍限，因為對他們來說，人生不該有任何遺漏與遺憾，只要

夢想的藍圖已經完成，他們就不會再等待，只要方向清楚了，心中的理想國度其實也已建設完成，一切只等著造夢者邁出步伐，走向夢想的國度。

你的夢想呢？是否也因為別人的一句「妄想」，而封鎖在抽屜裡？

別再讓自己純羨慕別人成功實現夢想，人類都已經準備在火星上尋找新的桃花源地了，我們還有什麼夢想不能實現呢？

不如意，就要適時鼓勵自己

我們何不多給人們一些鼓勵，讓他們有更積極
的生活情緒，快樂地享受人生呢？同時也給自
己多一點積極的力量吧！

作家哈伯特曾經如此寫道：「那些習慣為了小事而自尋煩惱
的人，永遠不愁自己會找不著煩惱。」

確實，我們經常看到愚蠢的人，總會因為別人冷淡或否定的
話語而患得患失，最後逼著自己去為小事鬱卒。

沒有人喜歡聽見否定的聲音，也沒有人應該被「否定」給打
倒，只要你很清楚自己的實力與需要，你就能給自己多一些「希
望」，多一些積極的力量。

一如往常地，阿里又準備出去慢跑了，對他來說，早上能抽
出時間跑步，是件非常重要的事。

但是，今天出門前母親卻對他說：「我認為跑步對身體沒什
麼好處，聽說那個著名的長跑健將已經死了。」

阿里原本想反駁母親的看法，不過轉念間，他想：「算了，
她不明白我的情況，何必和她爭辯呢？」

但是,當阿里開始小跑步時,他卻發現,母親的那番話居然不知不覺地影響了他。阿里想:「我可能會在路上像父親一樣心臟病發,當初他也是毫無預警地走了,而且每個人都認為他比我健康、強壯啊!」

當小跑步變成了走路,阿里的心情被母親的否定話語給擊倒了,已經是年近半百的阿里,其實很清楚自己的需要,他仍然很希望能聽見母親的一句鼓勵,即使只是一句簡單的「跑得不錯!」也好。

當阿里準備轉身回家家時,又看見那位每天早上都會遇見的華裔老先生。

阿里每天早上遇見他時,都會精神抖擻地朝著他喊:「早上好!」而這位老先生也會微笑地點了點頭。

今天,老先生再次出現在阿里的前面,還站在阿里回去的跑道上,這讓阿里不得不停下來。阿里有點生氣,因為母親的否定,破壞了今天晨跑的情緒,現在又遇見這個人擋住了自己的路。

忽然,老先生指著他的T恤,這是朋友在中國春節時送給他的,正面有三個漢字,背面則是中國城風景。

只見老先生用彆腳的英語,指著T恤上的漢字興奮地說:「你會說嗎?」

阿里搖了搖頭,並解釋那件T恤是朋友送的禮物,不過,英文程度不好的老先生似乎沒有全部聽懂。

但他卻很開心地對阿里說:「我每次遇見你,都覺得你很棒、很快樂。」

阿里一聽,心中似乎又喚起了希望,雙腳也突然間有種無法

Change your vision
for the better
＊ 097

解釋的力量，他轉過身，又繼續跑了六英哩多。

抬頭看著早晨的天空，阿里的心中泛起了一陣激動，雀躍地想著：「我真的很滿足，很快樂，很棒！」

就這樣，阿里繼續他的慢跑之路，也參加了不少馬拉松大賽，雖然他沒有拿到任何獎盃，但是在他心裡永遠有一個支持的力量，就是那位老先生的話：「你的確很棒，很快樂。」

看到阿里因為母親的話而沮喪時，一定有很多人很想給他一個肯定，鼓勵他繼續前進。之所以如此，是因為我們都希望被肯定，更期待人們的讚美和鼓勵，只要能得到一點點支持的力量，我們的生活就會充滿快樂和希望。

相同的道理，遇到別人不如意的時候，我們何不多給人們一些鼓勵，讓他們有更積極的生活情緒，快樂地享受人生呢？

別為小事鬱卒，同時也給自己多一點積極的力量吧！

無論如何，你的雙腳就在你的身上，未來的路不管是用跑的還是用跳的，決定權都在你的手中。

如果你無緣遇見肯定你的「華裔老先生」，那麼，能夠給你積極生命力量的，只有你自己了，要不斷地鼓勵自己：「你的確很棒，很快樂。」

因為，這個支持力量會轉化為你的內在動力，成為積極地肯定自己，並且不斷超越自己的無限能量。

互相尊重是維護自尊的最好方法

每個人都需要被尊重，包括還不懂事的小朋友，每個人都需要自尊，包括還在學習成長的小朋友。

有人很容易因爲人們的嘲笑而自卑退縮，甚至放棄自己。

但是，他們卻不知道，人們的嘲諷很多時候是出自無知，或是爲了掩飾自己的不足，只要我們多一點自信，往前大跨一步，自然能封住他們的口，並讓他們躲到無人看見的角落。

生長在三〇年代初期的保羅，家庭狀況和多數人一樣貧困。當時，孩子們通常早早就出去打工，幫忙維持家計，保羅在這個大家庭中年紀最小，所以他的衣服都是兄長們傳下來的，就像鞋子一樣，只要腳拇趾沒有曝露，不管鞋底磨損到什麼程度，孩子們就得繼續傳承，直到破得無法縫補爲止。

感恩節的前一天，保羅家收到了一箱外出工作的姐姐寄來的東西，心急的保羅連忙打開箱子，卻只看見一雙姐姐的鞋子，靜靜地躺在其中，這時，母親看了看保羅腳上的破鞋，便拿出這雙鞋遞給他。

Change your vision
for the better
＊ 099

　　但是，保羅說什麼也不肯接手，他哭著連連搖頭：「那是女生的鞋子，我才不要穿。」

　　家人們心疼地看著保羅，母親對著保羅說：「孩子，媽咪對不起你，但是我們真的沒有別的鞋了，冬天快到了，如果你不穿上它，腳趾頭會凍傷的。」

　　父親也走過來，拍了拍保羅的頭，但是什麼話也沒說，而最疼愛保羅的哥哥也摸了摸弟弟的頭說：「放心，一切會好起來的。」

　　保羅脫下腳上的舊鞋，雙腳輕輕地放入了這雙褐色、尖頭的新二手鞋中，他站起來，發現跟部高了點，但是穿起來還挺舒服的。

　　第二天，保羅有點勉強地穿著「新鞋」上學去，當他到達學校時，奧圖爾正巧站在那裡，他是保羅的「敵人」。

　　忽然，奧圖爾大喊一聲：「你們看，保羅穿女鞋耶！」

　　保羅羞愧得想往教室的方向奔去，然而奧圖爾卻一把捉住了他，並吆喝大家來圍觀。這時，校長突然出現，大喊了一聲：「快進教室！」

　　保羅趁機擺脫了奧圖爾，跑進了教室，但是，奧圖爾卻沒有就此罷手，每節下課時間，都會走到保羅的身邊嘲笑他。

　　中午前，校長又走進來訓話了，他邊走邊說，突然，他停在保羅的身邊，不再說話。保羅抬起頭看著他，沒想到校長正盯著姐姐的鞋，保羅滿臉漲紅地把腳縮了進去，然而就在保羅縮腳時，校長卻說：「那是牛仔鞋！」

　　保羅不解地看著校長，只見校長又說了一遍：「我在西部住過，這是牛仔鞋沒錯，孩子，你怎麼得到這雙牛仔鞋的？」

孩子們聽見是傳聞中的西部牛仔鞋，個個都擠到保羅的身邊，好奇地想看看什麼是「牛仔鞋」？不一會兒，教室裡充滿了驚嘆聲：「哇！保羅居然有一雙真正的牛仔鞋耶！」

從羞愧到驕傲，保羅的臉上的笑容頓時展開。

只見校長笑著說：「這是我見過最漂亮的牛仔鞋，保羅，如果你願意的話，讓同伴們好好地見識一下這雙牛仔鞋吧！」

保羅點點頭，孩子們立即排成一列，等待著試穿「牛仔鞋」，其中也包括曾經嘲笑過這雙鞋的奧圖爾。接下來，每當有人又想試穿的時候，保羅總是得意地說：「我得考慮一下。」

看著保羅由原先的「畏縮」轉變為後來的「驕傲」，我們也看見了「尊重」與「自尊」的重要性。

其實校長很清楚，只要給保羅腳上的那雙鞋子一個新身份，這個孩子便能換回尊重與自信，那麼讓鞋子換一個不屬於它的新名字，又何妨呢？

在生活當中，你是否也曾經適時扮演過「奧圖爾」？是否也像保羅一樣，受過相同的傷害？

每個人都需要被尊重，包括還不懂事的小朋友，每個人都需要自尊，包括還在學習成長的小朋友。沒有人不希望得到尊重，就像故事中的保羅與其他小朋友，我們可以相信，其實校長最希望看見的是，孩子們能夠自發地相互尊重，並付出友愛的關懷。

Change your vision
for the better
✳ 101

互相幫忙就能找到正確的方向

試著問問別人的意見或換個方向思考，你自然
能解開心中的結，即使得一刀剪斷，重新開
始，那也會是一個最好的開始。

迷失方向的人，最期待的就是有人能及時伸出援手，帶領自
己走出迷宮，幫助自己找到正確的人生方向。

然而，這樣幸運的經歷，並不易見，所以不妨主動開口請求
支援，並換個方向看，這樣就看見生活的出口了。

適時尋求別人的幫忙，會讓我們更容易找到正確方向，相對
的，如果每個人都能夠用愛心對待周圍的人，這個世界一定會變
得更美好。

羅莎老夫人雖然雙眼失明，但是在生活上她堅持要靠自己，
絕不依賴他人。每天黃昏時分，羅莎夫人都會獨自外出散步，她
認為，這樣不僅能鍛鍊身體，還能呼吸到新鮮空氣，強健體魄。

沿著熟悉的途徑，她利用手杖觸摸四周的物體，讓自己熟悉
這些事物的位置，她的辨識能力極強，從未迷路過。

但是，生活中難免會有一些改變和意外狀況，這天她再次出

門散步，走到某條必經的小路時，手杖卻觸碰不到熟悉的松樹。

原來，人們已經砍倒了一排她散步時必經的松樹。

失去觸碰式的「指標」，羅莎有點亂了方寸，她想：「怎麼不一樣了呢？這下子可麻煩了。」

她停下了腳步，呼叫著：「有沒有人啊？」

但是，停了幾分鐘，四下仍然安靜無聲，完全沒有人走動的聲音。於是，她又往前走了一兩公里，就在這個時候，她聽見腳底的水流聲。

羅莎驚叫了一聲：「啊！有水？」她再次停下了腳步，煩惱地猜想：「我恐怕迷路了！我現在一定站在橋面上，底下一定是穿越本郡的運河，這下可糟了，我從來沒來過這裡，要怎樣才能走回家呢？」

突然，在她身後傳來一個男子的問候聲：「太太，您需要幫忙嗎？」

羅莎一聽見身邊有人，立即鬆了一口氣，說：「感謝您啊！好心的人，我傍晚散步時迷路了，因為在我熟悉的路上有一排樹不見了，害我找不到回家的路，還好遇見了您，要不然我真不知道要怎麼辦，可以請您帶我回家嗎？」

男子爽朗地回答：「沒問題，請問，您住哪兒？」

羅莎太太把地址告訴了他，也順利地回到了家。

好客的羅莎熱情地邀請恩人進屋，想以咖啡和糕點表示謝意。但是，這個男子卻說：「別謝我，因為該感謝的人是我。」

羅莎吃驚地問：「你？怎麼會是你呢？」

男子平靜地說：「其實在我遇您之前，我已經在那座橋上站了很久很久。我本來要跳河自殺的，但是，當我看見您需要幫助

時，忽然又不想死了，因為我想到一些未完成的事，我不能就這
樣放棄。」

羅莎聽了，開心地笑著說：「是嗎？那你也不必謝我，不如
我們一起感謝上帝的巧妙安排吧！」

兩個同時「迷失方向」的人，巧合地相遇，也巧合地幫助彼
此找到了繼續前進的方向。曾失去方向的你，是不是很羨慕這樣
的巧遇與醒悟呢？那麼要怎樣才能有這些巧遇和自救呢？

故事中藏了一個提醒：「自己的生活要靠自己爭取，即使能
力不足，也別急著退縮，因為在每個人的身邊，都會有一個能與
你相輔相成，願意伸手支援你的人，只要你願意開口、尋找。」

此刻的你，如果心中正纏了一個解不開的結，何不開口請身
邊的人幫忙？

生活上沒有解決不了的問題，面對大大小小的煩惱，和不同
難易程度的麻煩，即使被打了個死結，我們也千萬別糾結其中。

試著問問別人的意見或換個方向思考，你自然能解開心中的
結，即使情非得已，必須一刀剪斷，重新開始，那也會是一個最
好的開始，因為在這個結上，你已找到了自己的方向。

退一步，幸福的空間更寬廣

對人多一點包容絕對有益無害，因為我們每退一
步，對方接納與包容我們的心就會更進一步。

　　莎士比亞曾經寫道：「為了一件小事爭執不休，往往會使這
件小事顯得格外重大，甚至會讓你惱羞成怒。」

　　想要抑制惱怒，就必須擁有一顆寬容的心，當你懂得適時退
讓，就不會動輒為了芝麻小事而氣怒。

　　退讓，才是解決爭端的最好方法，所以別那麼堅持己見，大家
各退一步，讓彼此多一點包容的空間，我們才看得見幸福的天空。

　　泰德對一位老同事抱怨說：「我老婆最近脾氣好暴躁喔！老
是為了一些小事情發脾氣，還經常莫名其妙地罵孩子，她以前不
會這樣的。」

　　同事聽完後，便問：「你們最近有沒有吵架？」

　　泰德想了想，說道：「嗯！好像有，我們之前為了裝修房間
的事大吵一架，因為，妻子比較沒有色彩概念，所以我希望用我選
的顏色，但是她卻堅持要用另一種顏色，說什麼都不肯讓步，為了
美感，我當然也不能讓步，因為她對顏色的判斷力真的很差！」

同事聽到這裡總算找出原因，於是他又問：「那我問你，如果她今天說，你的辦公室佈置得很差，要幫你重新佈置你會怎樣？」

泰德立即說：「當然不行，這是我的房間，怎麼能讓她決定？」

同事安撫著他：「這不就對了嗎？你的辦公室是你的權力範圍，而家裡的一切多數是屬於她的權力範圍，如果要按照你的想法去佈置廚房，她的反應必定和你現在一樣。」

同事拍了拍他的肩膀說：「只要有兩個人以上的討論空間，那麼任何人都有否決權，不是嗎？」

泰德聽了同事的話，恍然大悟地說：「也對！」

回到家中，泰德立即對妻子說：「妳喜歡怎麼佈置房間就怎麼佈置吧！這是妳應有的權力，只要這個家舒服就好，是吧！」

妻子忽然聽見泰德這麼說，有點難以置信，吃驚地看著他，於是泰德老實地說出同事的分析，並向老婆說抱歉。

就這樣，房間裡的色彩在夫妻倆的討論下，有了最好的結果，最重要的是，這個家終於又重回和樂的氣氛。

人們總是喜歡為了小事爭執，為小事生氣，不是嗎？

在這個本位主義高張的時代，人們很容易起爭執，因為每個人都以個人為主軸，總是認為自己才是最好、最正確的，所以，我們經常看見各持己見的兩個人，站在獨木橋的中間互不退讓，結果以兩敗俱傷收場。只是「退一步」，真的有那麼難嗎？

其實，不只是泰德夫妻之間的相處，我們日常生活中的待人處事更應當如此，對人多一點包容絕對有益無害，因為我們每退一步，對方接納與包容我們的心就會更進一步。

PART

5

錯誤就是成功的開始

用正確的態度去面對，

並找出犯錯的原因和問題所在，

如此才能避免重蹈覆轍，

讓每一個錯誤都成為你成功的保證。

增強你的信念，奇蹟就會出現

堅強你的信念，靠著你那獨一無二的意志力，
在你身上就一定會有「起死回生」的奇蹟發生。

莎士比亞曾經說過：「一個人的心靈如果受到鼓舞，即使器官已經萎縮，也會從沉沉的麻痺中振作起來，重新開始活動，像蛻了皮的蛇獲得新生的力量一樣。」

生命的熱情，來自積極的能量；你覺得生活充滿無奈和無力嗎？快點用智慧拯救自己的人生吧！

有一天，美國運動健將拉爾夫忽然心臟病發，一直處於昏迷的狀態，院方安排了兩位護士在他身旁看守。

昏暗的病房裡，兩位女護士正忙碌地測量拉爾夫的脈搏跳動，此時的拉爾夫已經昏迷六個小時了，仍然尚未脫離險境。

但是，醫生認為他已盡了一切努力，能做的、該做的都已經做了，便離開了這個病房，到其他病房去了。

此時的拉爾夫雖然不能動彈，無法有任何動作或表示，但是，他的意識卻是清醒的，他告訴自己要保持積極，一定要保持

清醒。

忽然，他聽到一位護士激動、慌張地說：「他停止呼吸了！妳能摸到脈搏的跳動嗎？」

另一位答：「沒有。」

接著，他又聽到另一位說道：「妳摸到脈搏跳動了嗎？」

「沒有。」另一位搖頭說。

「我必須告訴她們，我還活著。」拉爾夫不斷地暗示自己：「但是，我要如何讓她們知道呢？」

這時候，他想起了一句經常自我激勵的話：「如果你相信你能做到，你就能完成它。」他企圖要睜開眼睛，可是努力了許久，眼睛卻依然不聽指揮，不過，他一點也不放棄，終於，他聽護士說：「我看見一隻眼睛在動了！」

「他仍然活著！」另一位護士也驚呼。

拉爾夫不斷地進行自我暗示和自我激勵，雖然他努力了很久，也非常辛苦，但是，終於讓他睜開了眼睛，起死回生。

每個人的人生，就像四季循環一樣，事實上是充滿變化的。重點在於，當暴風雪的季節到來，你抱持著什麼心態渡過生命的冬天。如果你能夠瞭解生命就是實踐自己價值的過程，那麼你便會對生命充滿信念，不致時常因為各式各樣的折磨而沮喪。

對於生命的信念，需要的正是執著而堅強的意志力，那是人類區別於萬物的寶貴財富。

拉爾夫的故事，在現實環境中時常發生，同時也是多數人驚喜的奇蹟，但是，這些奇蹟的發生，不是因為所謂的天顯神威，

而是個人意志力的堅持，潛意識裡無限潛能的爆發。

　　生命的過程中，我們會遇上各種險境或困境，請記得，堅強你的信念，靠著你那獨一無二的意志力，在你身上就一定會有「起死回生」的奇蹟發生。

錯誤就是成功的開始

用正確的態度去面對，並找出犯錯的原因和問
題所在，如此才能避免重蹈覆轍，讓每一個錯
誤都成為你成功的保證。

英國詩人雪萊曾經說過：「春天雖然來得晚，但它一定會
來！」

獲得成功的主客觀因素很多，但是，堅持毅力、繼續努力下
去，卻是其中最困難的要件；只要不輕言放棄希望，勇敢改進犯
過的錯誤，你終究可以為自己找到成功的道路！

迪克九歲的時候就已經開始工作了，他和父親一起趕著兩頭
瞎了眼的騾子，在北卡羅萊納州的各地販賣貨物。

年輕的迪克拉著騾子，徒步走著，嘴裡則是嚼著煙草屑末，
以他這樣的情況，有誰料得到，這個窮孩子會在幾年之後創立美
國煙草公司，執全美煙草界的牛耳？

有一天，迪克遇見一個賣煙捲的老朋友，彼此寒暄了一番，
並說著自己的近況，這時那位朋友卻說：「我和太太兩個人，只
開了兩家店就累到不行了，你居然開了二千家店，那真是天大的

錯誤啊,迪克。」

「錯誤?」迪克不以為然地回答:「是嗎?雖然我經常犯錯,但做錯了就把問題找出來,然後再加倍地努力去做,只要不懈怠下來,我就能從中不斷地學習改進,得到更多的成就。」

迪克不怕犯錯、永不退縮的態度,以及採行零售聯營的經營方式,使得他每週都有一千萬美元的收入,最後更讓他有機會以一億元美金,創立了一所迪克大學。

迪克的成功之道,在於他不怕犯錯,也不怕失敗,更不會因為錯誤的經驗,使自己停頓下來。

他勇敢面對錯誤,並更加努力地將錯誤挽回,所以才能贏得更大的成功。

人難免會犯錯,當你犯錯的時候,是想盡方法推卸責任,還是從錯誤中找到解決的方法?

用正確的態度去面對,並找出犯錯的原因和問題所在,如此才能避免重蹈覆轍,讓每一個錯誤都成為你成功的開始。

更努力，生命才會更有意義

如果你也希望享受生命的美妙，不願受景氣或
困境阻礙生活，那麼從今天開始，先建立起積
極的人生態度吧！

詩人作家歌德曾經寫道：「如果一個人不過高地估量自己，
他就會比較能承受折磨和挫折。」

其實，對於某些人來說，挫折會讓他們自暴自棄，但是某些
人卻把折磨當成是老天送給他的禮物。

挫折可以讓人意志消沉，也可以讓人百煉成鋼，關鍵就在於
你如何看待它。當你認為自己飽受生活折磨時，不妨記住這句老
話：上蒼關閉一扇門之時，必定會為你留下一扇窗。

美國威斯康辛州有一座小農場，農場的主人米羅‧瓊斯雖然
工作十分努力，但是農場的收入卻一直都不太好。

瓊斯辛苦經營了好幾年，沒想到有一年，他忽然罹患了種奇
怪的疾病，全身麻痺無法起床。已經接近晚年的他，遭遇到這樣
嚴重的打擊，幾乎完全喪失了生活的能力與鬥志。

他的親友們都認為，他恐怕要殘廢一輩子，不可能再有任何

作為了。但令人意想不到的是，癱瘓之後，瓊斯不但有了一番作為，而且還一躍成為百萬富翁。

那麼，瓊斯是用什麼方法創造奇蹟的呢？

答案是，全憑他的勇氣和積極鬥志。

雖然瓊斯的身體殘廢了，但是他的智力仍在，對他而言，躺在床上，反而讓他有更多的時間冷靜思考，想一想未來的生存和發展。

有一天，他把家人召集在一起，提出一套計劃：「我已經無法再親手勞動了，但是我仍然能夠動腦，只要你們願意配合，你們都會是我的最佳助手，並且能和我一起實現這個計劃。」

瓊斯接著說：「我想要把農場裡的每一畝可耕地，全部改種玉米，然後用玉米飼養豬隻，接著將豬肉做成香腸，並以連鎖行銷的方式，創立自己的品牌出售。」

幾年之後，「瓊斯小豬香腸」便成了全美家庭的常用食材，更是最受歡迎的食品。

還記得日本《五體不滿足》的作者乙武洋匡嗎？

瓊斯和他都有共同的特質，因為身體的殘缺，使他們在有限的體力和能力裡，反而比一般人更積極的生活。

他們知道自己「與眾不同」，卻不認為應該因此得到更多的同情和協助，對他們而言，讓自己更努力，才能讓生命更加有意義，所以就算無法行動，他們也都能有一番作為。

乙武洋匡曾經語重心長地說：「殘障只是我的身體特徵，但沒有必要為身體上的特徵而苦惱。」

Change your vision
for the better
❋ *115*

　　他們以樂觀的態度，享受著生命中的不完美，身體健全的你我，又是怎麼看待自己的生命和生活呢？

　　如果你也希望享受生命的美妙，不願受景氣或困境阻礙生活，那麼從今天開始，先建立起積極的人生態度吧！

不要再輕易錯失良機

當你懂得把握機會時，機會才會幫助你發揮所
長，就像放風箏一樣，如果你不懂得捉住起風
的時機，又如何能讓風箏飛得又高又遠呢？

喜歡抱怨的人，總是隨波逐流，不願透視表象之下的眞象，
無形之中忽略了發掘自己眞實的能力，也一再錯失良機。

當寶貴的機會在你面前出現時，你是抱著懷疑、駐足不前的
態度，還是積極地加以把握？

有個美國麻省理工學院的畢業生，名叫奧斯卡。

他將舊式的探礦器、電流計、磁力計、示波器、電子管和其
他儀器重新設計組合，發明了一種可以勘探石油的新式儀器。他
還實際運用了這款新式儀器，在美國西部的沙漠地區探勘到石
油。但是，幾個月後，委託他探勘石油的公司，卻因無力償付積
欠的債務而宣告破產。

於是，奧斯卡被迫踏上歸途。在沮喪的心情下，他站在奧克
拉荷馬城的火車站前，面對未來，一股消極的心情將他緊緊地籠
罩著。

Change your vision
for the better
＊117

　　由於他比預訂搭乘的時間早到了好幾個小時，為了排解煩悶，本能地在火車站旁架起他的新式探礦儀器，藉以消磨時間。

　　沒想到當他搭架好後，儀器上的指示針竟清楚地顯示出，該車站地下竟然蘊藏著非常豐富的石油。

　　但是，對於正遭受打擊的奧斯卡來說，他完全不相信老天爺會在此刻眷顧他，對自己鬧起了脾氣，一怒之下還將儀器給踢毀。

　　「這裡不可能有那麼多石油！不可能！這絕對是不可能的事！」他十分煩躁地喊著。

　　然而，就在不久之後，人們真的發現了奧克拉荷馬城地下蘊藏著豐富的石油，甚至可以誇張地說，這個城市根本是飄浮在石油之上，但是，這個石油的發現者卻不是奧斯卡！

　　錯失良機的奧斯卡，事後才悔恨不已地說：「機會真的稍縱即逝。」

　　雖然機會不等同於成功，但是，如果你不捉住機會，就一定不會成功。

　　天助自助者，當你願意努力，懂得把握眼前的機會時，機會才會幫助你發揮所長，就像放風箏一樣，如果你不懂得捉住起風的時機，又如何能讓風箏飛得又高又遠呢？

　　別讓機會白白溜走，再好的機會，也是因為你有能力鑑別，願意掌握，它們才會眷顧你，因此，給自己多一點信心吧，如果再這麼錯過了，恐怕下次再也等不到了！

態度，決定你幸不幸福

生活幸福與否，完全取決於你的態度。無論在
多麼艱困的環境裡，都要保持信心，那麼你自
然會找到開心生活的入口！

　　生活裡的喜怒哀樂全掌握在你手中，如果你用哭臉過生活，
那麼你的生活中必然只有哭喪與苦澀。

　　因為，你用什麼樣的態度和角度看待人生，你的人生自然就
會以你所設定的方向前進。

　　當年，巴黎鐵塔正在建造地基的時候，某報社的一名新聞記
者，特地到工地現場訪問那些工人。

　　「您從事這個工作，覺得有什麼意義嗎？」記者首先問了一
位五十歲左右的老工人。

　　老工人回答說：「有什麼意義？不就是賺錢養家！」

　　記者又問旁邊一位年輕的小伙子說：「您呢？對此次建造鐵
塔的工作，您有什麼特別的感受？」

　　「這個工作還可以啦！不過，比起賽馬場、舞場等環境就差
多了。反正，做一天就拿一天的錢，還可以啦！」年輕人毫不在

*Change your vision
for the better*
＊119

平地說笑著。

當記者在工地轉了一圈之後，突然發現，在一個又髒又亂的角落，有一位小伙子正揮著汗，拼命地努力工作。

記者也向他提出了相同的問題，這位年輕小伙子竟毫不猶豫地回答：「當然有意義了！」

他停了一下，認真地說：「您看，現在我正在挖土、搬運的地方，將會建起一座史無前例的大鐵塔，全法國的人都會登上它，世界各地的人也都會慕名而來。而我，能為這樣一座偉大的鐵塔奠基，當然意義非凡囉！將來，等我老了，我會帶著自己的子孫們來參觀，我會告訴他們建造的經過，讓他們也以我為榮。」

當瓶中的酒只剩一半的時候，你是悲觀地嘆口氣說：「唉！就只剩一半了！」還是樂觀地說：「呵，我喝了一半，還有一半呢！」

生活的幸福與否，完全取決於你的態度。

無論現實是平順還是困難重重，只要保持信念，你便能開心地工作，並且離自己的目標越來越近。

別忘記，無論在多麼艱困的環境裡，都要保持信心，那麼你自然就會找到開心生活的入口！

勇敢面對人生的六字箴言

「不要怕，不後悔」，正是經過生活淬煉後的
人生智慧。只要能謹記這六個字，你的人生也
就沒有什麼不可能和遺憾了。

科學家哈里・弗斯特克曾經說：「人生就像一場演奏會，就
算你的琴絃斷了一根，你還是要想辦法以剩下的三根絃，繼續把
自己的樂曲演奏完。」

不管你面對的是順境或者逆境，這都是你的人生；遭遇不幸、
失敗、挫折的時候，唯有設法從逆境超脫，才能創造自己的幸福
優勢，否則就會持續向痛苦的深淵沉淪……

有個準備離開故鄉的年輕人，獨自站在故鄉的山上思索著。
他遠眺重山，想到要在茫茫人海中獨自奮鬥，心中總有些惶恐和
不安。

於是，他來到族長家請求指點。族長聽見這個年輕人想要出
去闖蕩，心中非常高興，他說：「孩子，人生的秘訣只有六個
字，今天先告訴你一半，相信這三個字就足夠讓你受用半生
了。」

老人說完後，在紙上寫了三個字：「不要怕」。

轉眼三十年過去了，這個年輕人已經走到了中年，也獲得了不小的成就，只是，他總覺得有些遺憾。於是，他回到故鄉，希望能再從族長那裡得到新的訓示。

只是，當他回到故鄉時，族長已經去世了，族長的家人拿出了一個密封的信函給他，並且說：「這是族長指定要留給你的，他說有一天你一定會再回來找他。」

這時，他才想起族長曾經說的「人生的秘密」的其他三個字，他拆開信封，裡面果然寫有三個字，那就是「不後悔」。

莎士比亞曾經說：「千萬人的失敗，都是失敗在做事不徹底，往往做到離成功尚差一步，就終止不做。」

其實，想要成功沒有什麼特別的秘訣，只在於永不改變既定的目的，想要成功，也毫無技巧可言，只要你對目前的工作，全力以赴和永不放棄，如此一來，成功就不會遙不可及。

族長所說的「不要怕，不後悔」，正是經過生活淬煉後的人生智慧。

你我的人生也正需要這個智慧箴言，想開創人生、尋找適合的工作，或是希望將夢想實現，需要的正是「不要怕」三個字；經過深思熟慮後，「不後悔」則是實踐之後應有的態度。

只要能謹記這六個字，你的人生也就沒有什麼不可能和遺憾的了。

不要犯了以偏概全的錯誤

任何事都有一體兩面，再大的問題也都會有解決
的辦法，只要把問題找出來，客觀地加以檢討，
那麼，你就能看到前面的康莊大道。

大多數的人總是不會把握問題的重點，也不會試著將困擾的
癥結尋找出來，並一一克服解決，反而寧願讓過往的糾結繼續纏
繞心頭，總是帶著遺憾或怨憤過生活。

有位作家說過一段很有意思的親身經歷。

這位作家說，從小他就很喜歡吃青蛙腿。

但是，有一天他到一間餐館用餐時，服務員卻端來了一盤又
粗又有腥味的青蛙腿，從那次以後，他就再也不喜歡吃青蛙腿
了。

幾年以後，他在一家高級餐廳的菜單上看到了青蛙腿，忍不
住問了服務員：「這些是小青蛙腿嗎？」

「是的，先生。」

「你確定嗎？我可不吃大青蛙腿喔！」

「是的，先生！」

Change your vision
for the better
＊123

「好久沒吃了，如果是小青蛙腿，就為我準備一份吧！」

可是，沒想到服務員送上這道菜時，卻仍然是粗大的青蛙腿。

這時，這位作家一股怒氣馬上湧了上來，大聲地對服務員喊道：「這些不是小青蛙腿啊！」

「非常抱歉，先生，但是，這些確實是我們所能找到的最小的青蛙腿了。」服務員滿臉歉意地回答。

不過，經過這次事件後，這位作家也開始接受這些大青蛙腿了，他不想讓自己的情緒，老是為了蛙腿大小而不愉快，甚至還期望能再更大一些。

作家說，這頓飯讓自己學到了寶貴的一課。

他反省自己對蛙腿大小的堅持，其實是因為有了錯誤的印象。由於之前吃到了不新鮮的粗大蛙腿，使他錯把蛙腿的大小視為口味好壞的標準，但是，這間餐廳卻讓他知道蛙腿的大小，和牠們的味道無關，只要蛙腿新鮮，烹飪技術好的話，不管大小，一樣可以美味可口。

俄國作家契訶夫曾經寫道：「你知道才能是什麼意思嗎？那就是勇敢、開闊的思想，以及遠大的眼光。」

不具備開闊的思想及遠大的眼光的人，通常都會被習慣性的認知束縛，不願意進行不同的嘗試，也難以承受環境的磨練。這樣的人，日常生活中一遇到不如意的事情，總是發出各種抱怨。

以偏概全是多數人的盲點，一旦在某條路上跌倒了，就不再走那條路，或是認定那條路上有很多的困難或陷阱。

其實，當時的跌倒只是自己的一個閃神，只要站起來後，前面就是一段筆直平坦的道路。

不要再用「以偏概全」的態度看事情了！任何事都有一體兩面，再大的問題也都會有解決的辦法，只要把問題找出來，客觀地加以檢討，你就能看到前面的康莊大道。

Change your vision
for the better
＊125

只要邁步向前，夢想就不再遙遠

每一個夢想在最初似乎都遠在天邊，可是若能
邁開堅持的腳步，一步一步前進，總有走到的
一天。

英國有一句名言：「一個人所擔心的最壞情況，有百分之八
十五都不會發生。」

當新的挑戰出現時，產生退縮、沒信心的反應是正常的，但
是，這些擔心不一定會成眞。

許多人遇到事情的直覺反應就是：「我不行，我做不到。」
經過一段時間後，才能慢慢接受。

但也有人選擇直接放棄，不僅失去一個機會，更讓人視爲是
個連嘗試的勇氣都沒有的傢伙。

有些時候根本不需要想那麼多，只管去做就是了。

當你開始行動時，過程會告訴你應該怎麼辦，人生的價值也
將在行動中決定。

在一棟大房子裡，有許多座不同的鐘，每天辛勤工作，「滴
答……滴答……」不停地走動，提醒著每一個人該做什麼事。

其中有一座年紀很大很大的鐘，掛在高高的牆上，近來總是不停地咳嗽著，指針們也因為咳嗽的震動而跑來跑去。終於有一天，它要退休了，僕人輕輕將它拆了下來，又小心地將一座年輕的小鐘裝了上去。

小鐘看著滿頭白髮的老鐘被搬走後，不安地環顧四周。

突然傳來一陣聲音呼叫年輕的小鐘：「小夥子，你是新來的吧？」開口的是一只放在桌上的方型鐘，「也該是換人工作的時候了，不過我還真有點擔心你，你能走完三千二百萬次嗎？我怕你走到一半就吃不消了。」

「三千兩百萬次？」小鐘驚呼著，「天哪，要我完成這麼困難的任務？辦不到，我辦不到啊！」

這時候從溫暖的火爐上傳來一道溫柔的聲音：「別聽它胡說。不用擔心，你一定做得到的，只要每秒『滴答』地擺一下，一定可以擺到三千兩百萬次。」

原來，安慰它的是另一個小圓鐘。

「真的有那麼容易嗎？」小鐘帶著懷疑的心情說著，「如果真是那樣，那我就試試看吧！」

於是，小鐘謹慎地開始工作，不刻意費力，輕鬆擺動著手腳，每過一秒，就動一下。

就這樣「滴答、滴答……」，不知不覺一年過去，它終於擺到三千兩百萬次了，而且仍將繼續擺動下去。

人的一生，也都是一步一腳印，慢慢地走完全程的。

年幼時總希望時間過得快一點，好趕快長大；年老回味著過

去時，卻希望時間能放慢。

　　然而，時間是公平的，它給每個人一天都是二十四小時；同時它也最偏私，給每個人不同長度的人生。

　　人類的壽命無論長短，總有一天會告終，但是人生的價值，就要看個人如何去掌握活著的時間。

　　每個人都有夢想，必須將那份想法化為實際的做法，才有實踐的時候。每一個夢想在最初似乎都遠在天邊，可是若能邁開堅持的腳步，一步一步前進，總有走到的一天。

　　但是，若連一步也不願意跨出去，夢想也只能如同雨後的彩虹，讓人只能驚嘆它一閃而逝的美。

6 PART

不要用猜忌來保護自己

快樂的日子並不在於別人能給你什麼，
而是你用什麼樣的態度，去看待你的生活，
又用什麼樣的角度，去發現你的美麗人生。

只要用心就一定能換得真心

別再用你的偏見，孤立自己的生活圈了。希望
贏得別人的認同，想要與人建立良好的關係，
那麼我們就要比別人更加主動。

人生的一切變化，都是相對的，也都是心靈作用的結果，只
要願意用心，就能換得別人的真心。

因此，不要再用大人的眼睛看孩子們的世界，孩子們有他們
自己的遊戲規則，其實這些規則也曾經屬於我們，只是被我們遺
忘了。

或許，成人比孩子們看得更加長遠、更加清楚，但大人們的
世界也需要孩子們「簡單的雙眼」、「單純的心」，以及相信「我
對你好，你也一定會對我好」的真心！

有一天，小查德對媽媽說：「媽咪，耶誕節我們要交換卡
片，但是我想為每一位同學親手做一張耶誕卡片。」

母親看著兒子，支持地點了點頭，然而在她心中卻想著：
「難得孩子這麼用心，但是同學們似乎不太喜歡他。」

原來，查德的媽媽接送他上下學時早已發現，小查德似乎和

其他孩子們沒有什麼融洽的互動，當其他同學三五成群地聚在一起玩耍說笑時，小查德的身邊卻連一個玩伴也沒有。

雖然，她心中預測兒子不會成功，但是她仍然支持兒子的這項計劃。母子倆便從購買卡紙、膠水和彩色筆等工具開始，花了將近三個星期的時間，小查德精心製作的三十五張賀卡終於完成了。

耶誕節的早晨，小查德興奮地把賀卡排列整齊，小心翼翼地放進書包中，開開心心地上學去了。

至於媽媽，她今天也決定要為兒子烤一些他最愛吃的小餅乾，讓他放學後能吃到熱烘烘的小餅乾與一杯熱牛奶，因為這些將減輕孩子的「失望」情緒。

當孩子們放學的聲音熱鬧起來時，她朝著窗外望去，看見孩子們正熱烈的迎接節日，而小查德，依然跟在大家的身後，不過今天的步伐似乎比平時快了些。當她注意到孩子的手上什麼也沒有時，禁不住濕了眼眶。

小查德跑了進來，她立即抑制住淚水，溫柔地說：「你看，媽媽為你準備了小甜餅和牛奶喔！」

但是，小查德似乎沒聽到她的話，反而直撲她的懷裡，嚷著：「一張都沒有，一張都沒有。」

媽媽以為小查德在抗議，正準備安慰他時，查德又嚷著：「媽媽，我的卡片被同學們拿光了，好開心喔！」

從小查德的身上，你是否也學會了簡單的真心？

如果查德媽媽當時沒有支持兒子的計劃，選擇了否定兒子，

那麼，我們可以想見，小查德的人生必定只有孤單和孤立。

所以，別再用大人的偏見，去猜測或阻止孩子們的付出，也別再用你的偏見，孤立自己的生活圈了。

希望贏得別人的認同，想要與人建立良好的關係，那麼我們就要比別人更加主動，就像小查德的世界一樣，沒有疏離與偏見，因爲在童眞的世界中，只要有表現，只要小手牽上小手，情誼自然就能展開。

Change your vision
for the better
＊133

不要為了一條牙膏吵得不可開交

遇上夫妻吵架嗎？別急著幫他們分析利害或勸說分合，因為他們真正需要的不是我們的偏袒，而他們自己能先冷靜下來。

現代人容易為小事發脾氣，也容易為了小事而發生衝突，最明顯的證據就顯現在節節高昇的離婚率上。

有對幸福夫妻間的對話是這樣的：

老公一進家門，即開心地說：「老婆，我回來了，看見妳真好！」

老婆則立即笑著回：「老公，看見你回來，我真的很開心！」

這樣幸福甜蜜的互動，如果能出現在每一對夫妻的身上，相信就不會動輒為了一條牙膏之類的瑣事爭吵，離婚率就不會那麼高了。

凱特和妻子是對人人羨慕的夫妻，結婚二十多年來，他們總是為對方著想，甚至為對方做一些必要的讓步。

從事寫作的凱特雖然沒有闖出名堂，但是以他目前的工作情況來看，已經很不錯了，而且他還有太太的幫忙，每次寫完連載

的短篇小說後，都會交給老婆打字並寄送稿件，而這份工作對凱特太太來說，是意義非凡的。

對凱特來說，回家是他最重要的時刻，每當擁抱妻子，親吻她的前額時，他總是問她同樣的問題：「親愛的，我不在家的時候，妳會不會很悶？」

體貼的凱特太太，每次的答案都是：「不會啊！家裡有很多事情要忙呢！不過看見你回來，我更加開心！」

向來把自己視為丈夫最佳拍檔的凱特太太，和丈夫之間的互動，從不曾冷淡過。但是，凱特太太始料不及的是，凱特居然被一個名叫奧爾嘉的女人迷住了，她甚至還要求凱特跟她結婚。

已經被迷得團團轉的凱特心想：「唔！那我得先和老婆離婚啊！這也許很容易辦到，我們結婚二十多年，感覺似乎不再那麼熱烈，也許她已經不愛我了，分開應該不會太痛苦。」

雖然有信心「沒有痛苦」，但是性格軟弱的凱特，仍然不知道要如何開口，最後他想到了一個方法。

這天，他把自己和太太的情況，移入虛構故事之中，為了讓老婆看得明白，他刻意引用了只有他們夫婦倆知道的生活互動，並在結尾處讓那對夫妻離婚，也讓離開丈夫的妻子，悠閒地渡過她的餘生。

寫完後，他匆匆地把手稿交給妻子打字，便出門了。

當他晚上回到家中，雖然心中猜測著妻子的反應，但嘴中仍然很公式化地問：「親愛的，我不在家的時候，妳會不會很悶？」

沒想到老婆和平常一樣，平靜地說：「不會啊！家裡有很事情要忙呢！不過看見你回來，我更加開心！」

「難道她沒有看懂？」凱特困惑地想著。

直到第二天，凱特才發現，妻子也用相同的方式與他溝通。因為，妻子把故事的結局改了：「當丈夫提出這個要求後，他們決定離婚了。但是，那位依然保持著純真愛情的妻子，卻在前往南方的途中抑鬱而死。」

看著修改後的結局，凱特吃驚地發現，原來老婆對他的感情竟是這樣的深厚，於是他決定，要和那個外遇的女人一刀兩斷。

「親愛的，我不在家的時候，妳會不會很悶？」當凱米特回到家裡時，溫柔而深情的語氣問道。

只見妻子微笑地說：「不會啊！家裡有很事情要忙呢！不過看見你回來，我更加開心！」

這樣的故事我們都很熟悉，但是這樣的溝通方式，相信我們都是第一次看見。妻子輕輕地修改了故事的結局，也深深地刻劃下內心的真情，如此情深義重的「結局」很難不打動人心，不是嗎？

從故事中我們還看見，「冷靜」是妻子成功喚回老公的關鍵，「情深」是她沒有放棄老公的動力，「體貼」則是她贏得圓滿幸福的重要元素，一句「看見你回來，我更加開心」，不僅訴盡了她的無怨無悔，也說盡了共偕白頭的決心。

遇上夫妻吵架嗎？別急著幫他們分析利害或勸說分合，因為他們真正需要的不是我們的偏袒，而他們自己能先冷靜下來，好好地想一想：「曾經愛得那麼深刻，怎能為了一條牙膏而鬧得不可開交，甚至想要離婚呢？」

批評是最好的成長激素

因為有瑕疵，批評的聲音才會出現，找出缺
點，一一修正，直到批評聲音減弱，你自然就
會得到你想要的機會。

　　人生會發展出什麼際遇，其實完全在於自己從什麼角度去觀
看眼前遭遇的那些問題。用不同的角度審視問題，往往會得到不
一樣的結果。

　　不要被自己的缺點蒙住了成長的眼睛，也不要用自以為是的
態度，堵住了別人批評的聲音。

　　批評是最好的成長激素，如果希望自己有所成長，那麼，我
們就要有超大的肚量來容納人們的批評。

　　二次世界大戰爆發之前，羅納在維也納當一名律師，戰爭爆
發後，他逃到了瑞典，為了維持生計，必須盡快在新地方找份工
作。

　　自詡懂得六國語言的他，很希望能到進出口公司上班，但是
事與願違，每間公司都回信告訴他：「戰亂時期，我們並不需要
這方面的人才，不過我們會保留您的資料。」

有一天，四處碰壁的羅納又收到一家公司的回信，不過，信上卻毫不留情的這樣批評：「你根本不了解這方面的生意，而且我也不需要替我寫信的秘書，即使需要也不會請你，因為你的應徵信錯字連篇，瑞典文寫得那麼差，休想進入我的公司。」

羅納看完這封信時，被對方的批評氣得快瘋了，情緒高漲的他立即拿出紙筆，準備給對方一個還擊！

但是，就在他寫下第一個字時，卻猛然停了下來：「等等，或許他說的並沒有錯！雖然我修過瑞典文，可是這畢竟不是我最擅長的語言，也許真的犯了很多錯誤也說不定！如果是這樣的話，那麼我得再努力學習才行，看來，這個人其實幫了我一個大忙，雖然他說了這麼難聽的話，但是他確實提醒了我。那麼，我應該感謝他才對啊！」

於是，羅納重新整理情緒，提筆寫下他的感激：「謝謝您不嫌麻煩地寫信提點我，特別是您在根本不需要秘書的情況下，還願意撥空回覆我。非常抱歉，我沒有多了解貴公司的需求就貿然寫信給您，還忽略了信中的錯誤，我真的深感慚愧。不過，謝謝您的回覆與意見，我現在正準備再去學習瑞典文，好好地改正我的錯誤，再次感謝你的批評，讓我有機會修正錯誤。」

信寄出之後的第三天，羅納再次收到那位老闆的信，不過，這次他卻請羅納到他的公司看看。

羅納去了，而且還得到一份工作。

當你被面試官拒絕時，會表現出什麼反應？

是怒氣沖沖地抱怨對方根本不懂得用人，還是謙卑地反省自

己到底有哪裡不足？

其實，找工作一點也不難，真正困難的地方是，我們連自己的缺點和能力在哪裡都不清楚，甚至曝露了缺點也不知道。

更糟糕的是，有人還不知道要修正、加強自己的不足，反而在屢屢被「退件」之後責怪別人不識人才。

別忘了，因為有瑕疵，批評的聲音才會出現，當你又一次失敗的時候，別再抱怨老天爺沒有眷顧你，快學習羅納的自省態度，找出缺點，一一修正，直到批評聲音減弱，你自然就會得到你想要的機會。

*Change your vision
for the better*
＊139

微笑，是最好的生活技巧

你現在就可以敞開胸懷，對著身邊的人「笑一笑」，只要有好的開始，你就會越來越懂得如何微笑。

　　每天一大早出門，你有沒有發現，馬路上迎面而來的那些面孔，幾乎沒有一張是「好氣色」的？

　　當你心煩地看著這一張張臭臉時，有沒有發現，反射在窗鏡上的你，也帶了一張灰色的臉？

　　史坦哈結婚十八年了，然而這十八年來，他總是一早起來便急急忙忙地上班，連他自己都發現，他似乎從未曾在踏出家門之前，給自己的老婆一個微笑，更別提在那位門口護守了十八年的管理員。

　　於是，史坦哈經常這麼想：「我一定是這個城市裡最不快樂的人。」

　　有一天，史坦哈走在路上，又思考著這個老問題，卻不知怎地，不知不覺中走進了卡耐基的「微笑訓練班」。正因為這個「小迷糊」，讓他從這個訓練班中，找回了快樂的自己。

最後一堂課結束之後，他決定把課程中學到的生活技巧，應用在現實生活中，於是第二天開始，大家看見了很不一樣的史坦哈！

早上一起來，史坦哈先是神情愉快地給老婆一個熱情擁抱，嚇得老婆緊張地直問：「你怎麼了？」

接著，他來到了門口，很大聲地向管理員說：「早安！」

由於太大聲了，還讓管理員嚇了一跳。

然後，他來到了火車站，對著售票小姐微笑說早安，就在同時，史坦哈也獲得了一個親切的微笑，而這也是他十多年來，第一次見到售票小姐微笑。

幾天下來，史坦哈發現，大家給他的微笑越來越多，而且經常是他還未主動打招呼前，別人就已主動地與他親切打招呼。

現在的他，每天都帶著愉快的心情出門，面對滿肚子牢騷的人，他不再跟著埋怨，而是靜靜地聆聽他們的牢騷，並用微笑回應一切，而問題似乎在這些「微笑」中，也變得越來越容易解決了。

史坦哈還發現，當自己的態度與心境改變之後，工作也越來越順利了。

這天，他的年輕拍檔忍不住對他說：「我很為你的改變開心，之前我每天的心情總是被悶悶不樂的你影響。現在，每天看見你微笑，讓我也跟著開心，對了，你微笑時讓人有一種舒服而慈祥的感覺！」

史坦哈笑著說：「謝謝你的肯定，過去實在很對不起。」

拍檔微笑著說：「都過去了，不再重要了。」

史坦哈改變了他的批評習慣，改用欣賞與讚美的方式與人互

Change your vision
for the better
＊141

動，生活也更見陽光笑容。他說：「凡事都要試著從別人的角度
去觀看，因為，我們沒有資格蔑視任何人。」

　　史坦哈最後總是習慣這麼下結語：「擁有真正的友誼與幸福
感的人，才是真正富有的人，而這也才是我的理想人生。」

　　當史坦哈發現，能夠「用微笑生活」才是他的理想人生時，
你是否也準備重新估量自己的生活價值？

　　在找出答案前，我們不妨到鏡子前面，看看我們的臉，是「微
笑」紋多，還是「皺眉」紋多，因為真正的笑容是假不了的，即
使你硬逼著自己微笑，臉部的神經也會僵硬地告訴我們，這是一
個「笑不由衷」的臉！

　　如果你也很想用真感情微笑，就別想那麼多了，我們都是大
自然的神奇產物，天生就有自己的情感，只是長久以來，被過多
不值得煩憂的小事困住，忘了怎麼開懷大笑而已。

　　其實，你現在就可以敞開胸懷，對著身邊的人「笑一笑」，
只要有好的開始，你就會越來越懂得如何微笑。

　　還有，慢慢地你還會發現，街上的「微笑」也越來越多了，
如果你感到好奇，不妨上前問一問，相信他們的答案都是：「我
們這個真情、甜美的笑容，都是因你對著我們微笑！」

互相肯定更能增強信心

試著用相互鼓勵的方式重建信心吧！因為，不管自信心多麼的強，所有人還是會期待，來自於「你的肯定」！

不管是學生，或是上班族，沒有人希望被鄙視，更沒有人會期待被責罰，因為那些帶點情緒性的責罵，很容易讓人失去信心，失去原有的實力。

面對不如意的情勢，能夠克服自己的不滿和低落的情緒，不任意責怪別人，試著以鼓舞的方法解決難題的人，才是一個成熟的人。

海倫是一位六年級的導師，開學的第一天，她一踏進教室，便看見三年前教過的一位學生。

海倫看著他，笑著說：「馬克，又遇見你了。」

馬克也笑著說：「是的，老師，又要麻煩您糾正我了。」

海倫笑著點頭，這時她想起三年級時的馬克是個很淘氣的小男生，每當馬克犯錯，被老師處罰時，他總是這麼說：「老師，謝謝您糾正我。」

如今，海倫看見馬克似乎成長許多，不再那麼調皮，上課也專心許多。

有一天，馬克對她說：「老師，這學期的數學比較難，我必須很專心地聆聽，才能聽得懂，當然，還是要謝謝老師您的教導。」

海倫看著禮貌周到的馬克，忽然想起其他同學們，似乎也陷入數學概念的苦戰中，因為這門困難的課程，似乎使他們挫折感越來越大，彼此之間甚至產生抗拒和對立的狀況。

於是，她想起馬克的互動方式：「他們可以互相鼓勵、突破問題。」

上課鐘聲響了，海倫一走進教室，便要求學生拿出一張紙：「你們在這張紙上寫下其他同學的好處與優點，寫完後就可以下課休息。」

半節課過去了，同學們陸陸續續地交稿，只見馬克走了過來，當他把紙張交給海倫時說：「老師，謝謝您的教導，祝您周末愉快！」

海倫利用周末時間，將每位學生的名字和來自其他同學們的肯定，分別重新抄寫在同一張紙上，並加入了她的評語。

星期一，海倫把寫著「優點」的紙張發給每位學生，不久，台下開始出現騷動的聲音，海倫抬頭看了看大家的表情，隨即放心地微笑，因為她看見了大家都露出「共同的微笑」！

「真的嗎？」

「我從來都不知道他們這麼看我耶！」

「居然有人會這麼欣賞我！」

這些討論的聲音很小，但是孩子們的臉上全是無法隱藏的自

信光芒。

　　海倫心裡想：「相信從今天開始，他們再也不會被數學困擾。」

　　只要你懂得讓自己的視野更加開闊，全盤檢視處理自己遇到難題，最後的必然會有截然不同的結果。

　　用同儕的力量互相鼓勵，這不僅是最有效的方法，也是最好的方法，所以海倫老師能輕易地重建學生們的信心，喚起孩子們的學習興趣。

　　反觀我們的教育方式，仍然習慣用「比較」與「責罰」來刺激孩子，希望能「逼」出一個天才，然而真的逼出來了嗎？還是逼出另一個問題學生呢？

　　再給彼此一次機會，試著用相互鼓勵的方式重建信心吧！因為，不管自信心多麼的強，所有人還是會期待，來自於「你的肯定」！

Change your vision
for the better
✳ 145

站在對方的立場想一想

如果我們太習慣站在自己的角度看對方，很容易就會忽略對方的需求和感受，導致衝突不斷地發生。

心理學家威廉·詹姆斯曾奉勸我們：「想建立良好的人際關係，要先多了解每一個人的主觀信條和所處環境，並尊重他的人格，溝通彼此的思想。」

換個立場，從對方的角度看他所處的環境，不僅能找出解決的辦法，還能預防下一個誤會與代溝的發生。

麗特看著十三歲的女兒瑪芮塔，正在門口用泥土和石頭猛擦新買的牛仔褲腳，頓時吃驚地大聲說道：「天呀！這是新買的牛仔褲啊！妳發什麼神經？為什麼要這樣糟蹋它？」

說完，麗特還跑到女兒面前努力阻止她的動作，然後搬出「媽媽幼年的故事」，對她說教了一番。但是，麗特完全不知道，一件寬鬆T恤和磨得破破爛爛的牛仔褲正是時下年輕人的流行穿著。

想到小時候窮得沒錢買衣服的困境，麗特對瑪芮塔說：「以

前媽咪再窮，也不會穿得這麼邋遢啊！」

但不管麗特怎麼勸，瑪芮塔就是不為所動，繼續使勁地磨擦著褲子。

麗特很生氣地問她，為什麼非得把新牛仔褲弄破！瑪芮塔一副理所當然的口氣回答：「我就是不想穿新的！」

麗特大聲地問：「這是什麼理由？」

瑪芮塔也生氣地回答說：「不想就是不想，我一定要它弄破才穿出門！」

麗特實在無法理解女兒的堅持，特別是褲管上的線越拉越長，褲子上的破洞也越來越大時，麗特忍不住對友人抱怨：「為什麼她要穿成這樣呢？」

朋友說：「妳不妨到她的學校看看吧！看看其他女孩們是怎麼穿著的？」

這天，麗特真的來到學校接女兒，並觀察其他女孩們的穿著，結果她發現，其他女孩穿得比瑪芮塔還要「破舊」。

麗特邊開車邊想這件事，接著對瑪芮塔說：「我想，或許對於妳的穿著，我是真的反應過度了些。」

女兒說：「是過度了。」

這時，麗特又對女兒說：「從今天開始，不管妳在學校或是和朋友出去玩，想穿什麼我都尊重妳的意見，不再過問了。」

女兒驚喜地說：「真的嗎？太好了！」

「不過！」麗特忽然又說：「如果妳和我一起逛街、拜訪親友時，希望妳也尊重媽咪，乖乖地穿上像樣的衣服好嗎？」

瑪芮塔沒回應，似乎有些猶豫。

麗特繼續分析著：「妳不妨仔細想一想，其實妳只是退讓百

Change your vision
for the better
＊ 147

分之一，而我卻退了百分之九十九，難道這樣不好嗎？」

瑪芮塔一聽，眼睛為之一亮，然後立即伸出小拇指，跟媽媽勾勾手指說：「就這麼說定了！」

從此之後，麗特每天早上都快快樂樂地送女兒出門，對她的衣服也不再囉嗦半句，而女兒和麗特一起出去時，也會讓母親很滿意，因為這個小小的溝通，不僅讓母女倆皆大歡喜，也讓母女的關係更進一步。

親子專家常常勸告父母說：「不要用你的高度看孩子，有時候你也要蹲下來，看看孩子們的小世界！」

其實，不管是面對小朋友，還是你身邊的朋友、同事、主管，很多時候我們都必須換個角度，為對方想一想。

因為，每個人的立場不同，成長的背景也不相同，所以解決的方式和技巧也各有所異，如果我們太習慣站在自己的角度看對方，很容易就會忽略對方的需求和感受，導致衝突不斷地發生。

換個位置看一看不同的視野吧！

就像麗特與瑪芮塔一樣，稍微調整一下想法，互相交換觀察角度，不僅能輕鬆地解決難解的親子代溝，還讓彼此看見了生活中的多元景觀。

不要用猜忌來保護自己

快樂的日子並不在於別人能給你什麼，而是你
用什麼樣的態度，去看待你的生活，又用什麼
樣的角度，去發現你的美麗人生。

有人說，懷疑、猜忌是為了保護自己，因而每天繃緊了神經，
擔心對方接下來的舉動，或猜測對手的攻擊計謀。

如果用這種態度生活，日子當然過得鬱卒，因為，到頭來真
正受困於「生命牢籠」的人，只有我們自己。

托尼是美國某製造公司的人事主管，雖然他待人處事都很得
體，也充分表現出他的樂觀與自信。

但事實上，在他的內心深處，卻經常出現一種不安的感覺。

在某次聚會裡，托尼對一位好朋友吐露這種情況：「我總覺
得自己似乎失去了什麼，工作時，我和同事的互動其實並沒有你
們想像中那麼好。因為，我總是不相信別人，即使和妻子在一
起，我也經常會出現莫名的提防。如果，有人詢問我的私事，我
更是閃爍其詞，唉！其實身為一個人事主管，我很需要同事的支
持和信任，但是我發現，大多數同事都很提防我，甚至是躲避著

Change your vision
for the better
＊*149*

我，也許他們這也算是『回應』我平時對他們不信任且提防的態度吧！」

朋友笑著安慰道：「既然你那麼清楚自己是因為不善於控制情緒，而讓同事們對你敬而遠之。那麼，為何不改一改呢？」

托尼無奈地問：「但要怎麼改呢？」

見到托尼的情況與自己類似，另一位參加聚會的友人安娜忍不住訴苦說：「我也經常控制不了自己的情緒，常常脾氣一發不可收拾，儘管我試著改變自己，讓自己變得親切、愉快一點，只是不管怎麼克制，到最後我還是忍不住爆發出來。這種行為，讓我的人際關係變得相當惡劣，即使在家中也是一樣，單親媽媽的身份，讓我無法妥善地安排時間給孩子，在同時失去孩子與同事們的信賴下，我真的很失落，好想放棄一切，但是若我真的放棄了，孩子怎麼辦？我有沒有機會再站起來？」

朋友看著他們，嘆了口氣說：「你們為什麼不能多信任別人，信任你的工作伙伴呢？你們的事業都非常成功，資歷也相當良好，凡事不妨換個角度想吧！尊重你的同事，也尊重你自己，別給自己那麼多壓力，如果你連自己的情緒都控制不好，又怎能快樂地生活呢？」

很多人糾著心，不管看見什麼人或遇見什麼事，都沒有一個順眼順心的，甚至面對這樣不愉快的生活，還不斷地責怪外面世界的醜惡。

然而，我們不妨仔細想想，一切真有那麼醜惡嗎？非得用懷疑、猜忌的態度來防禦別人嗎？

有人說：「傷心時，即使吃蜜糖也會變得苦澀！」

相同的，一味用煩躁和狐疑的情緒看世界的人，就算窗外是藍天白雲，也要被他看成烏雲罩頂了。

好好地整理整理你的情緒，吐一口氣，用微笑面對你的生活與人生。因為，快樂的日子並不在於別人能給你什麼，而是你用什麼樣的態度，去看待你的生活，又用什麼樣的角度，去發現你的美麗人生。

發揮潛能就能開創精采人生

不要隨便否定他人，也不要輕易地否定自己，
只要不放棄，每個人都有機會發揮他最大的潛
能，開創最精采的人生。

最先提出「自卑感」一詞的奧地利心理學家阿德勒，在《超
越自卑》一書中曾經指出：「我們在日常生活中所發生的一切衝
突與糾紛，大都起因於那些讓人覺得討厭的聲音、語調，以及那
些不良的談吐習慣。」

所謂不良的談吐習慣，就是以嘲諷、輕蔑或嚴峻的態度否定
別人。每一個人都是獨一無二的，每一個人都有他獨特的長才，
許多還找不到人生方向的人，需要的是我們的鼓勵和肯定！

珍妮絲正準備把新的講義發給學生們，這時有個男同學不悅
地說：「女士，別浪費妳的時間了，我們都是白癡！」

然後，他便揚長而去，第一天教學的珍妮絲聽到學生這麼
說，所受的打擊很深，她跌坐在椅子上，並懷疑自己是否適合當
老師。

這時，另一位同事說：「我以前也帶過這個班，實在是很糟

糕的一群！」

珍妮絲難過地看著同事：「我不知道該怎麼辦！」

這位同事回答說：「別擔心，我在暑期班曾教過他們，他們大部分都無法畢業，妳不必在那些孩子身上浪費時間。」

珍妮絲不解地問：「為什麼這樣說？」

同事說：「這些孩子都是貧民區一些臨時工或小偷的孩子，他們高興來時才會來，根本不想唸書，妳只需要讓他們保持安靜就夠了，如果他們再惹麻煩，就把他們送到我這裡來。」

珍妮絲聽完後，心中一陣難過，回家途中，那位男同學所說的「我們是白癡」，不斷地出現在她的腦海：「白癡？不是的，我一定可以幫助他們！」

第二天，珍妮絲一進教室便在黑板上，寫下「ECINAJ」幾個字。

珍妮絲笑著問：「這是我的名字，有誰可以告訴我，這是什麼意思呢？」

當孩子們嘲笑著這個怪裡怪氣的名字時，珍妮絲又轉身，在黑板上寫下「JANICE」，這次學生們很正確地唸出了這個字。

「是的，你們說對了。」珍妮絲說。

「其實，我以前有學習上的障礙，醫生說那是『難語症』。我開始上學時，完全沒法子正確拼出我的名字，而我也被人們貼上『白癡』的標籤。」

有人問：「那妳為什麼還能當老師？」

珍妮絲說：「因為我恨人家這麼叫我，我並不笨，而且我很喜歡讀書。如果你喜歡『白癡』這個名稱，那麼請你換個班級，因為在這間教室裡沒有白癡。因為，我不會對這個班級的學生放

Change your vision
for the better
＊153

鬆要求，我會和你們一起加油，直到每一位同學都趕上進度為止。你們會畢業，也有人會考上大學。我不是在跟你們開玩笑，因為那是我的承諾。」

珍妮絲停了一下，又說：「從今天開始，我再也不要聽到『白癡』這兩個字。你們明白了嗎？」

從這天開始，這群被嘲笑為白癡的孩子們進步神速。兩年後，這個被視為「笨蛋」聚集的班級全都畢業了，其中有六位是準大學生。

還記得小時候的分班分段經驗，那些被歸類於後段班的學生，所承受到的壓力與異樣眼光，有多少人認真地去關心、了解？

也許，有人很幸運地遇見了另一個「珍妮絲」，但是，更多的人就這麼被「放棄」了，不是嗎？

沒有人一生下來就是天才，即使在課業方面表現不突出，也沒有人應該被放棄，因為繼承生命的每一個人，都有一定的使命與才能，不僅我們不能加以否定，還要勉勵他們不能放棄自己。

所以，珍妮絲才要說：「如果你喜歡『白癡』這個名稱，那麼請你換個班級，因為在這間教室裡沒有白癡。」

不妨仔細想想，當我們發現學習能力較差的人時，過去都是用什麼樣的眼光看待他們的？

不要隨便否定他人，也不要輕易地否定自己，只要不放棄，每個人都有機會發揮他最大的潛能，開創最精采的人生。

PART 7

設法從自卑走向自信

與其因自卑而悲觀喪氣，
帶來更多的歧視和冷漠，
不如將它轉變為動力，從自卑走向自信，
這才是積極有力的生命態度。

找到方向，就能完成夢想

不要再像隻無頭蒼蠅胡亂飛舞了，你必須找出
自己的目標，發現自己心中的北極星，才能走
出自我的困境。

失敗的人常常感慨自己找不到成功的方向。

其實，並不是沒有方向可依，只是你沒有選定目標而已。如
果不能找出自己的目標，那麼你永遠都只會隨波逐流，或是在失
敗的循環中，渾渾噩噩地虛度一生。

撒哈拉沙漠中有一個叫比塞爾的小村莊，村莊建造在一塊
一・五平方公里的綠洲上，如果想從小村莊走出大沙漠，只需花
三天三夜的時間，就能抵達城市了。

但是，一直到一九二六年，英國皇家學院的萊文院士發現這
個小村莊之前，比塞爾的村民竟然沒有一個人曾經走出大沙漠。

經過萊文院士了解，他們並不是不願意離開這塊貧瘠的地
方，只是嘗試過很多次，全都無法成功地走出沙漠。

萊文院士試著用手語和村民溝通，得到的回答全都一樣。他
們都說，從這裡出發，無論朝哪個方向前進，每個人最後都會回

Change your vision
for the better
＊157

到這個地方。

　　為了證實他們的說法，萊文自己做了一次實驗，從比塞爾村向北直走，沒想到只花了三天半的時間，就順利地走出沙漠了。

　　「為什麼比塞爾的村民會走不出去呢？」萊文心中感到非常納悶，於是請了一位比塞爾人帶路，看看哪裡出了問題！

　　他們準備好可以用半個月的水量，騎著兩隻駱駝就上路了。這次萊文將指北針等輔助工具收了起來，只拉了一個木棍跟在村民的後面。

　　他們走了約八百多英哩的路程，花了十天的時間了，就在第十一天的清晨，一塊綠洲出現在他們的眼前，果然他們又回到了比塞爾。不過，萊文也終於明白，為什麼比塞爾人走不出沙漠的原因了。

　　因為，他們根本就不知道什麼是北極星，更沒有指北針之類的工具，在沙漠中，全憑感覺找方向，沒有任何輔助指引的依據，當然會在一望無際的沙漠中繞圈子，永遠只能走回他們的村莊。

　　於是，當萊文要離開比塞爾時，向一個名叫阿古特爾的青年說：「在沙漠中，白天時，你就好好休息，到了夜晚，你只要跟著北方一顆最亮的星星走，就能走出沙漠了。」

　　阿古特爾真的照著萊文的話去做，三天後，果然讓他走出了沙漠。

　　古羅馬思想家小塞涅卡曾經說過：「如果一個人不知道他要駛向哪個碼頭，那麼任何風向都不會是順風。」

　　相同的道理，如果一個人認不清自己應該努力的方向，那

麼,再多的努力終究也只是徒勞無功。

其實,就像比塞爾人一樣,缺乏明確的目標指引,通常是很多人一再遭遇失敗的原因。特別是在習慣性失業人的身上,沒有目標可說是他們普遍存在的人生問題。

因為沒有目標,所以他們無法忍受成功過程中所必須歷經的磨練,自然無法享受成功的喜悅。

不要再像隻無頭蒼蠅胡亂飛舞了,你必須找出自己的目標,發現自己心中的北極星,並且切實地朝著星光的指引前進,才能走出自我的困境,邁向你夢想中的園地。

你是沒有機會，還是沒有準備？

你真的都沒有機會嗎？還是你根本就沒有好好
準備，所以才眼睜睜地讓每一次機會在你面對
走過？

《孫子兵法》中有句話這麼說：「毋恃敵之不來，恃吾有以
待之。」

就現代的觀點，孫子說這句話的意思就是：不要怕沒有機會，
就怕機會來了你還沒有準備好！

激勵作家路易士‧賓斯托克曾經講過這樣一個故事。

在美國經濟最蕭條的時期，他在南部的一個小鎮中長大，那
時的生活水準和今天相比，實在差得太多了。

長大後，他在鎮上的一家雜貨店打工，店裡賣的蜂蜜是用大
木桶裝著的，而且是一大桶一加崙地賣。

在那個年代，孩子們根本沒有零錢買糖果，不過鎮上有個小
男孩卻特別喜歡吃糖，尤其對蜂蜜情有獨鍾，經常溜進店裡，偷
偷掀起木桶蓋子，用他的小手指沾著蜂蜜吃。

不過，他常常被老闆捉到，當然也免不了挨一頓罵，並且還

被特別叮囑不能再進店裡一步。

　　有一天，小男孩又偷溜進去吃蜂蜜了。老闆一氣之下，把小傢伙拎了起來，丟到了桶子裡。當小男孩快沉入底前，沒想到竟然還聽到他禱告說：「主啊，請你賜給我一個能舔完這桶蜂蜜的大舌頭吧！」

　　每當路易士‧賓斯托克在創作或在演講時，都會想起這個故事。也許小男孩的故事並不特別，但是對他而言，寓意卻非常深遠。因為，他也曾像小男孩一樣，祈禱上帝，當他有寫作和演講的機會時，希望祂能賜給他一個「下筆如神」的能力，或一個「妙語如珠」的口才。

　　運動員知道，如果自己不接受嚴格的訓練，就不可能有所成就；畫家也知道，如果不勤加鍛鍊，技巧就會開始生疏，創造不出更高的意境。各行各業都是如此，想要獲得傑出的成就，都得做好準備，等待脫穎而出的機會。

　　懂得把握機會的成功人士都會說：「只要你準備好迎接機會，機會隨時都會來敲你的門。」

　　許多人只會抱怨自己沒有機會，但問題是，當他們有了機會，卻常常因為沒有準備而失之交臂。

　　反省一下，你真的都沒有機會嗎？還是你根本就沒有好好準備，所以才眼睜睜地讓每一次機會在你面對走過？

幸運之神只會眷顧有勇氣的人

有膽量的人，知道機會不能錯失，就算事情難
以預料成果，他們也不會裹足不前。

與其說幸運會使人產生勇氣，不如說，正是因爲有了勇氣，
才會讓更多的好運願意靠近你。

記住保羅‧格蒂曾說過的話：「凡事都必須樂觀地面對，如
果你總是要求先有肯定的答案，那麼只會綑住自己的手腳而已。」

保羅‧格蒂是石油界的億萬富翁，每個人都認爲他是一位非
常幸運的人。但是，大家卻不知道，在他早期的時候，其實也走
過一條非常曲折坎坷的人生道路。

求學的時候，他曾立志當一名作家，後來又決定要從事公關
外交方面的工作。畢業後，他卻被奧克拉荷馬州迅速發展的石油
業吸引，當時他的父親，也是靠著石油業而發財致富。

進入了石油業，偏離了他在求學時主攻的外交事務，他停下
了往外交領域發展的計劃，成了一名完全不懂油井開發的人。雖
然什麼都不懂，但是他仍然要試試自己的運氣。剛開始，格蒂找

了一些挖掘油井以外的相關工作，以賺取資金。有時候也會到父親那裡借點錢，雖然能借的金額不多，但是，格蒂就這樣一點一滴地累積了資本。

年輕的格蒂很有勇氣，做事卻一點也不魯莽。行動開始前，他會先仔細評估，太過冒險或是一次失敗就會造成難以彌補損失的行動，他都不會讓它發生。

一開始，他也失敗了好幾次，直到一九一六年，才終於找到了第一口高產量的油井，也讓他打下了成功的基礎。那年，保羅‧格蒂才二十三歲。

保羅‧格蒂的成功，真的只是幸運嗎？或許！不過這個幸運卻是他應得的，因為他也付出了許多的努力和代價。

曾經有人好奇地問格蒂，他怎麼會知道這口井會產油。

雖然他為了開挖這口井，收集了許多可靠的資料和證明，但是他仍然說：「我當時其實並不肯定，」他接著說：「但是，在我心中一直懷抱著希望，相信一定會有成功的機會。」

或許，你會認為，所謂幸運的人，有時候只是比一般人大膽一點罷了。不過，可以肯定的是，幸運之神是不會眷顧膽小怕事的人的。

有膽量的人，知道機會不能錯失，就算事情難以預料成果，他們也不會裹足不前。只要盡全力把事情做到最好，有沒有成功都無所謂，因為任何成功的機會，他都不會錯過。

思想家家阿米爾曾說：「懂得如何在逆境中過日子，不僅是智慧的傑作，同時也是人生這部著作中，最難撰寫的篇章。」

*Change your vision
for the better*
* *163*

　　眞正的成功者，經常是那些勇於超越自己的人。

　　也許你沒有顯赫的家世背景，也沒有令人羨慕的耀眼學歷，但是，只要你充滿勇氣，願意挑戰自己，進而超越自己，將每一個挫折都當作成功的起點，照樣會有輝煌的成就。

發揮十分的努力才能勝利

一味地羨慕他人，是無法讓自己成長的。只有
付出「努力」也是不夠的，要讓自己的努力用
「十分」的力道來呈現。

有句話說：「經濟愈不景氣，就愈要努力。」

日本的經濟危機已經超過十多年，台灣也碰上同樣的問題，很多人感嘆生意難做，甚至覺得現在創業無疑是一種自殺行為。就因為抱持著如此心態，許多行業漸漸走向沒落之路。

可是一些眼光遠大的人，反而認為這是開創商機的好機會。因為經濟不好，許多生意結束營業，自然也少了一些競爭對手，發展的機會反而大多了。

某班大學同學在畢業十年後舉辦了一次同學會，當年大家都坐在同一間教室聽講，如今卻有很大的差距。

除了在容貌上有明顯改變外，就是畢業後的發展。有人拿到鐵飯碗，成了公家機關的處長、局長；有的走文教路線，當了博士、教授、作家；甚至有人自行創業，成為大公司的負責人；當然也有不太順遂的人，沒有固定的工作，只能靠兼差、打工過

活；甚至有人背著一筆債務，辛苦過日子。

看著大家不同的際遇，有人感到很不服氣，開始感嘆這世界太不公平，當年唸書時大家的程度都差不多，為什麼現在會有這麼大的落差？

於是，有幾個人前去請教當年的系主任。

老師聽完了大家的疑問之後並不立刻回答，只是笑一笑，然後出了一道題目：「十減九等於幾？」

學生們聽到老師這個「莫名其妙」的問題，一個個張大嘴巴，又說不出話來。

老師見此情況，又問：「你們會打保齡球嗎？」

不等學生回答，老師開始講解起保齡球的規則：

保齡球的規則是，每一局十個球，每一個球得分是從〇到十。這十分和九分的差別可不是一分，因為打滿分可以加下一個球的得分，如果下一個球也是十分，加起來就成了二十分。二十與九的差別是多少？如果每一個球都打滿分，一局就是三百分。當然，三百分太難了，但是高手打二百七十、二百八十分卻是常有的事。

假如每一個球都差一點，都得九分，一局最多才九十分。那麼，這與二百七十、二百八十分的差距又是多少？

看到大家若有所思的表情，老師繼續說道：「你們當初畢業的時候，也就是十分與九分的分別，差距不大。但是，分道以後，有的人繼續以『十分』來努力，毫不鬆懈，十年下來，他獲得得多大的成績！如果你還是以九分、八分地做，甚至四分、五分地混，十年下來，你又會拉下多大的距離？」

幾個學生恍然大悟，頓時羞愧難當。

　　努力貫徹自己的想法，一向是邁向成功不可缺少的元素，有的人成功了，有些人還在原地打轉，甚至倒退。人們容易將問題歸咎於環境，卻忘了奮力追求，甚至創造一個適合的環境來發展。

　　一味地羨慕他人，是無法讓自己成長的。

　　要記住，只有付出「努力」是不夠的，要讓自己的努力用「十分」的力道來呈現。

　　有想法，也要有積極的做法，一個人若不能以積極的態度面對人生，就很難成為佼佼者。

　　想要比別人優秀的不二法門，其實只有一個，那就是：付出十分的努力！

*Change your vision
for the better*
❋ 167

用你的自信把潛能激發出來

無論付出多少時間精力，都要把事情完成，只
有對自己充滿信心，你才能不斷地激發自己內
在的潛能。

　　信心對一個人的發展來說，具有無法預估的力量。不論是在
智力、體力或是處理事情的能力上，自信心都有著非比尋常的地
位。

　　許多事業成功的人，總是能勇於向自己提出更高的要求，所
以才能在失敗的時候看見希望。

　　心理學中曾有這樣一個著名的實驗案例。

　　一個長相很醜的女孩，對自己非常缺乏信心，從來不打扮，
整天邋邋遢遢的，做事也不求上進。

　　一位心理學家為了改變她的狀態，要求大家每天對醜女孩
說：「妳真漂亮」、「妳真能幹」、「今天表現不錯」……等
等讚美的話，經過一段時間之後，大家驚奇地發現，女孩真的變
漂亮了。

　　其實，她的長相並沒有任何改變，而是心理狀態發生了變

化。她不再邋遢，變得愛打扮，而且做事積極，開始喜歡表現自己。

　　為什麼會有這麼大的變化呢？

　　心理學家解讀說，那是因為她對自己產生了「自信心」，因為對自己有了自信，所以大家都覺得她比以前漂亮多了，她還愉快地對大家說，她獲得了新生。

　　所謂「相由心生」，這位女孩其實只是展現出每個人都蘊藏的自信美而已。這種美只有在我們相信自己，而周圍的人也都肯定我們的時候才會被充分地展現出來。

　　自信心就像催化劑一樣，它可以把人的一切潛能激發出來，讓所有的功能調整到最佳狀態。

　　在許多成功者的身上，都可以很清楚地看到他們因自信而散發出的成功光芒。

　　一個人如果缺乏自信心，就會缺乏探索事物的主動性和積極性，能力自然就會受到約束和偏限。

　　生活並不容易，除了要有堅忍不拔的精神外，最重要的是懷抱信心。相信自己的天賦和才能，無論付出多少時間精力，都要把事情完成，只有對自己充滿信心，你才能不斷地激發自己內在的潛能。

設法從自卑走向自信

與其因自卑而悲觀喪氣，帶來更多的歧視和冷
漠，不如將它轉變為動力，從自卑走向自信，
這才是積極有力的生命態度。

試著轉變你的自卑心理吧！

它不應該是前進的阻力，而是成功的動力。

越受挫、越沒有信心時，越要努力克服自己的自卑感，因為
從自卑中所發揮的能量，將是任何事物都比擬的。

法國著名的化學家維克多‧格林尼亞，就是一個超越自卑心
理，走向成功的典型例子。

格林尼亞出生在一個非常富裕的家庭，從小就養成了游手好
閒的生活態度，總是揮金如土、盛氣凌人，但是在他二十一歲的
時候，卻遭受了一次嚴重的打擊。

在一次宴會上，他遇見了一位年輕美貌的巴黎女郎，而且對
她一見鍾情。於是，他仗著自己長相英俊，而且有錢有勢，便走
上前去向她搭訕。

沒想到，這位女郎卻冷冰冰地對他說：「先生，請你站遠一

點，我最討厭被花花公子擋住視線了。」

這個情況讓格林尼亞羞愧不已，產生自卑心理。對很多人來說，或許這只不過是被一個被高傲女孩拒絕而已，但是，對嬌生慣養的格林尼亞來說，卻是一次嚴重的打擊。

經過這次事件之後，他決定離開了家鄉，一個人來到里昂，並且隱姓埋名，整天只待在圖書館和實驗室裡做研究。經過菲利普‧巴爾教授的指導，再加上他的努力不懈，終於發明了「格式試劑」，而且發表過的學術論文也有二百多篇。

一九一二年，瑞典皇家科學院更頒予他諾貝爾化學獎。

維克多‧格林尼亞反省地說：「因為從小家境很好，每當自己有任何好成績時，家人都會視為理所當然，而其他人則認為那是我的家境好，從來都沒有人會認為是我自己的努力。漸漸地，我對自己越來越失去信心，不知不覺開始自卑了起來，總是拿著家裡的富裕來滿足自己。直到女孩的那句話，我才發現自己有多麼讓人討厭，甚至連自己也很厭惡自己。後來我仔細地反省，終於了解到，如果能正確地對待心裡的自卑，我一定能靠著自己的力量，獲得別人真正的肯定。」

相信每個人都曾經有這樣的經驗，不管是青少年時期因為課業不如別人的自卑，還是對外在環境適應不良所產生的自卑，每個人的內心深處或多或少都有自卑的角落。

只是，在這些自卑情況下，是否讓你習慣了逃避，或是學會了偽裝？不管是哪一種情形，都只會讓你越陷越深，越來越失去自己而已。

Change your vision
for the better
＊171

　　與其因為自卑而悲觀喪氣，帶來更多的歧視和冷漠，倒不如將它轉變為動力，讓自己從自卑走向自信，這才是積極有力的生命態度。

　　很多時候，只要懂得轉換念頭，就會讓自己充滿信心，發現許多看似困難的事，其實並不值得煩憂；內心也會因為這個轉念，變得堅強成熟。

　　如此一來，你便會從生活和工作中，看到更開闊的前景，找到原以為絕不可能屬於自己的快樂與成就感。

有了批評，你更能勇往直前

不管別人是用什麼的角度批評你，你都要秉持
自己的信念勇往直前，讓每一個不客氣的批評
成為你更加成功的原動力。

你曾被外在的批評困擾嗎？請聽聽戴維‧克羅克特的這句座右銘：「確定你是對的，然後勇往直前。」

聰明的人會從積極的角度看待批評，包括那些不公正的責罵，他們會把別人的批評，視為改進自己、或激發鬥志的動力。

一九六二年，還未成名的披頭四合唱團，曾向英國威克唱片毛遂自薦，但是卻立刻被拒絕了，公司的負責人說：「我不喜歡這群人的音樂，只是些吉他合奏，太落伍了。」

你聽說過艾倫斯特‧馬哈嗎？他是維也納大學物理學教授，曾經不屑地說：「我不承認愛因斯坦的相對論，正如我不承認原子的存在。」

愛因斯坦對他的批評並不在意，因為早在他十歲，還在慕尼黑唸小學的時候，任課老師就對他說：「你以後不會有出息。」

美國的國父華盛頓，也曾經被人罵是「偽君子」；《獨立宣

Change your vision
for the better
173

言》的撰寫人湯馬斯‧傑佛遜也被罵說：「如果他成為總統，那麼我們將會看見我們的妻子和女兒，成為合法賣淫的犧牲者，我們會受到更多的羞辱和損害，我們的自尊和德行都將消失殆盡。」

然而，他們非但沒有被批評和辱罵嚇倒，反而保持更樂觀而自信的態度，讓自己對世界、對社會有了更深遠的影響。

換個角度想，受人批評輕視，其實並不是什麼壞事，至少可以提醒我們要努力積極，讓自己擁有進步的動力。

英國國王愛德華八世（即溫莎公爵），年輕時曾經在一所海軍官校讀書。有一天，一位軍官發現十四歲的溫莎王子在哭泣，便上前詢問發生了什麼事情，才發現是溫莎王子原來被軍校的學生踢了一腳。

指揮官把所有的學生召集起來，要他們解釋原因，這些學生推託了半天，才解釋說，因為等他們成為皇家海軍的指揮官或艦長時，希望能夠告訴人家，他們曾經踢過國王的屁股。

相對的，許多批評不也正是這種心理作祟之下的產物？

每個人都免不了會遭受批評和指責，特別是有成績、有名望的人，更是容易受到非議。因此，無論你是被人踢，還是被人惡意的批評，只要記得，他們之所以這麼做，只是想從中得到更多的滿足感而已，這通常也就表示你已有所成就，所以讓人特別注意。

哲學家叔本華說：「庸俗的人，只會在偉大的錯誤和愚昧行為中，才能得到最大的快感。」

很多人在批評比他們成功的人時，都只是為了得到一種阿Q

式的快感，所以越成功的人受到的批評就越多，只有那些什麼都
沒做成的人，才能免除別人的批評。

　　所以，不管別人是用什麼角度批評你，你都要秉持自己的信
念勇往直前，讓每一個不客氣的批評成為你更加成功的原動力。

改掉投機取巧的壞習慣

不要同時間給自己太多事情，把最重要的第一件事先做好，這才是處理事情應有的態度，也才是成功的不二法門。

　　靜下心想想，每當重要的事情在手上時，你總是想利用其他人事物之便，把工作完成嗎？

　　結果，是不是都弄得一團糟，甚至把最重要的事都搞砸了？

　　用心把一件事情完成就好，不想一事無成，就別再想投機取巧。

　　有一天，農場主人的兩頭牛不見了，急忙吩咐僕人出去尋找。

　　可是等了半天，都不見僕人回來，主人只好自己跑出去一探究竟，沒想到，卻看到僕人在野地裡跑來跑去。

　　於是，主人走近問他：「你到底在幹什麼？」

　　僕人回答：「我剛才發現了兩頭鹿，您知道鹿茸是非常值錢的，所以我們不必去找牛了，把鹿捉到就夠了。」

　　主人說：「那麼，你捉到鹿了嗎？」

僕人不好意思的說：「沒有，因為我去追朝東邊跑的那頭鹿時，沒想到牠竟然跑得比我快，不過請您放心，我記得往西邊跑的那頭鹿，牠的腳有點瘸，我現在就去把牠捉回來，相信我一定會捉到的。」

只是，當他再回頭要去追那頭瘸鹿之時，牠早就已經不知去向了。

本來主人只是叫他去把牛隻找回來，怎知他卻放著正事不做，反而跑去捉鹿，捉不著東邊的那個，才回頭去找西邊的那隻。這時，主人不禁感慨說：「像你這樣心有旁鶩的僕人，肯定要一輩子一事無成了。」

你會不會像這位僕人一樣，經常被長輩或長官責罵：做事沒有重點，不懂得事情的輕重緩急？

處理事情的方式，其實也是你對自己、對生活態度的一種表現。總是一心二用，或老是漫無目標前進的人，再重要的事情到了他手上，也會變得無關緊要一樣。

這樣的做事態度，不僅不會被重用或信賴，一旦要裁員的時候，第一個被想到的人，自然是你！

把壞習慣改掉吧！一鳥在手勝過兩鳥在林，不要同時間給自己太多事情，而要把最重要的第一件事先做好，這才是處理事情應有的態度，也才是成功的不二法門。

凡事只要用心就一定會成功

用心生活，用心工作，只要用心在你生活中的
每一樣人事物中，你就會擁有最精采而豐富的
人生。

做任何事，就只怕不用心，只要用心去做，就絕對不會失敗。

這是千古不變的道理，也許成功的因素有很多，但是，「用心」無疑是最重要的元素之一。

亨利．必克斯特恩的父親是一位外科醫生，他自己也即將繼承父業。

在愛丁堡求學期間，必克斯特恩就以堅韌、刻苦而出名，對醫學研究的專心與投入，更是許多人所不及的，而且他對醫學方面的忠誠度，也從來沒有動搖過。

回到了家鄉後，他開始積極地投入醫師的工作行列，但不知道為什麼，時間一久，他開始對這個職業失去了興趣，更對這個偏僻小鎮的封閉與落後產生不滿。

他渴望能進一步地提升自己，開始喜歡上了哲學和思考。很幸運地，他得到了父親的支持，願意讓他到劍橋大學繼續深造，

更期許他能在這個世界聞名的大學中，有進一步的成就。

但是，必克斯特恩太過用功了，導致身體不堪負荷，健康嚴重出了問題。

為了儘快恢復身心健康，他接受了一項職務，到洛德奧克斯福德當一位旅行醫生。

在這段時間裡，他開始學習義大利文，也對義大利文學產生了濃厚的興趣，慢慢地，他對醫學的興趣更加淡薄了，幾乎就快要放棄醫學了。

回到劍橋之後，他努力攻讀學位，還獲得當年劍橋大學數學考試的第一名。

畢業後，他無法進入軍界服務，只好轉進律師工作。他以一個剛畢業的學生，進入了內殿法學協會，並且就像以前鑽研任何學問一樣，非常刻苦地鑽研著法律。

在給父親的信中，他這麼寫著：「每一個人都對我說：『以你的毅力，你一定會成功的。』雖然我不知道將來會是什麼樣子，但我知道的是，只要我用心做，就絕對不會失敗。」

二十八歲那年，他被招聘進入了律師界，雖然曾經歷一段相當刻苦的日子，但是後來，他終於成為一位聲名顯赫的主事官，以藍格德爾貴族的身份，坐在上議院之中。

古羅馬思想家塞內卡曾經提醒我們：「打敗別人並不值得稱道，真正值得稱道的，是那些戰勝自己的人。」

成功與失敗往往只有一線之隔，關鍵在於你是否能戰勝自己的怠惰與負面情緒，在自己選擇的道路上咬緊牙關堅持到底。

　　那些具有非凡毅力的人，總是能不屈不撓地執著追求，他們不但能贏得成功的喜悅，也會贏得人們的敬重。

　　這也是一種「態度」，許多成功的人，就是具有這樣用心、認真的人生態度。

　　他們尊重自己，也尊重別人的生活，不管做任何事，從事什麼樣的工作，或是身處什麼樣的環境之中，他們的態度都一樣，不會有任何偏頗，而這也是成功者的最佳寫照。

　　用心生活，用心工作，只要用心在你生活中的每一樣人事物中，你就會擁有最精采而豐富的人生。

動動腦筋，
就能點石成金

價值是可以創造的，

而非一成不變的，

一旦我們有辦法發掘出一件事物的價值，

就如同擁有了點石成金的魔法棒。

有好的領袖，能更上層樓

身為領導者，必須擁有更冷靜的頭腦、更大的
心胸、更廣的眼界接納部下的建議，如此不僅
使屬下的才華得以發揮，自己也能從中成長。

公司中常常會出現一個現象：在緊要關頭，上司抱怨屬下派不上用場，屬下埋怨上司不了解自己的能力。

一般來說，企業都非常重視員工的訓練和教育，希望培養出更多沉著冷靜的人才為公司效力。可是，倘若領導者的觀念不夠正確，做事不夠謹慎，就可能造成員工懷才不遇的情形發生。

「領導者」的角色非常重要，甚至會左右一家公司的前途。要讓底下的人願意跟隨自己，就在於領導者能給屬下多大的幫助。

新力公司董事長盛田昭夫多年來保持著一個習慣，就是和職員們一起用餐、聊天，培養彼此的合作意識，以及良好的互動關係。

有一天晚上，盛田昭夫按照慣例走進員工餐廳與職員們一起用餐，發現一位年輕職員鬱鬱寡歡，滿腹心事，只是悶著頭吃飯，誰也不搭理。盛田昭夫於是主動坐在他對面。

幾杯酒下肚之後，這位職員終於開口了：「我畢業於東京大學，原本有份待遇十分優渥的工作。當時，我對新力公司非常崇拜，認為若能進入這家公司，會是一生最佳的選擇。進入後我才發現，我根本不是為新力工作，而是為科長做工。坦白說，我的科長是個無能之輩，更可悲的是，部門所有提案與計劃都得經過科長批准。我自己的一些小發明與建議，科長不僅不支持，還挖苦我不自量力、野心太大。我十分洩氣，心灰意冷，如果這就是新力公司，我又何必放棄原有的工作來到這裡呢？」

這番話令盛田昭夫十分震驚，心想類似的問題在公司內部恐怕不少，管理者應該關心基層員工的苦惱，了解他們的處境，而不是堵塞他們上進之路。

於是，他建立新的人事管理制度。

從此以後，新力公司每週出版一次內部小報，刊登公司各部門的「求人廣告」，員工可以自由且秘密地前去應聘，上司無權阻止。

另外，每隔兩年就讓員工調換一次工作，讓那些精力旺盛、幹勁十足的人才有發揮的空間，不是讓他們被動地等待工作，而是主動給他們施展才能的機會。

在新力公司實行內部招聘制度後，有能力的人才大都能找到自己較中意的崗位，人力資源部門也可以發現那些「流出」人才的上司存在的問題，以便及時採取對策進行補救。

身為領導者，就是因為某方面的能力比屬下強，才會變成上司。因此，底下的人若做得不好，應該給予的是協助，而非指責。

除此之外，必須擁有更冷靜的頭腦、更大的心胸、更廣的眼界，接納部下的建議，如此不僅使屬下的才華得以發揮，自己也能從中成長。

盛田昭夫正是了解這個道理，知道「人的資質是無限的」，只要能活用這些人才，就能為公司帶來助力，使得新力公司發展至今日這個規模。

我們都必須學習當個優秀的領導者，即使沒有機會帶領別人，也要能當自己的伯樂，發覺自己的強項，努力發揚光大。

讀懂人性，就能成功

人性有黑暗的一面，也有光明的一面；有貪婪
殘酷的一面，更有慷慨仁慈的一面；有時複雜
得難以想像，有時卻又簡單得讓人嚇一跳。

著名的國際投機金融家索羅斯曾經這麼說：「在知識經濟的
新時代，知識就是財富，就是潛在的生產力。」

在某些人眼中，多次掀起經濟風暴的索羅斯雖然被視為惡名
昭彰的「金融大盜」，但是，他說的這番話仍有一定的道理。

在知識經濟的時代，想要讓自己的日子好過，一定得具備知
識這種潛在的生產力，尤其是洞悉人性的知識。

日子難過，就要想辦法過。只要你讀懂人性，就會比別人更
快速成功。

時至二十一世紀，現今人類最寶貴的資產不再是金銀珠寶等
有形的財富，而是懂得如何看透人類心理，進而創造屬於自己的
機會與名聲，一旦能打響自己的名號，那麼離成功也就不遠了。

毛姆是英國的著名作家，著有《人性的枷鎖》等有名的長篇
小說，此外，他的短篇小說也目當膾炙人口。可是，這位大作家

在成名之前生活十分艱難，常常得餓著肚子寫作。

有一天，快到山窮水盡地步的毛姆來到一家廣告公司，厚著臉皮對廣告部的主任說：「先生，請您幫我一把吧！我想推銷我的小說，請您幫忙在各大報紙上刊登這則廣告。」

「各大報紙？」廣告部主任瞪大了眼睛，以疑的眼光打量他：「毛姆先生，你有錢支付廣告費用嗎？」

「有，這則廣告刊登後，我的書肯定會暢銷，如果您願意先幫我墊付廣告費用，我之後一定加倍還您。」毛姆自信地說。

廣告主任起先起還不相信，但見到毛姆遞上自己擬好的廣告詞後，立即一拍桌子：「好，這主意棒極了，我願意幫你！」

第二天，各大報同時登出一則引人注目的徵婚啟事，上頭寫著：「本人喜歡音樂和運動，是個年輕而有教養的百萬富翁，希望能和毛姆小說中的女主角完全一樣的女性結婚。」

女性讀者們看到這則廣告後，馬上飛奔到書店搶購毛姆的小說，回到家更是閉門苦讀，努力將自己培養成如小說中的女主角一般。

男性讀者也爭相搶購，目的是想研究女性心理，防範自己的女友投進富翁的懷抱。

短短幾天內，毛姆的小說就被搶購一空，他也因而一舉成名。這則徵婚啟事不但幫他脫離了貧困的生活，也為自己和自己的作品打響名聲。

毛姆這個辦法令男性與女性讀者都對他的小說充滿好奇、爭先恐後地搶購，令人不得不讚嘆他善於利用人性，為自己做了最

Change your vision
for the better
✳ 187

好的廣告。

　　事實上，他身爲《人性的枷鎖》這本書的作者，能夠掌握大部份人共通的心理並不令人意外，畢竟一位成功的小說家，能將小說中的人物寫得栩栩如生，一定是平常就對「人」有仔細的觀察，對「人性」有深刻的理解。

　　人性有黑暗的一面，也有光明的一面；有貪婪殘酷的一面，更有慷慨仁慈的一面；有時複雜得難以想像，有時卻又簡單得讓人嚇一跳。

　　正因爲人性是如此多變又難以捉摸，所以想洞悉人性實在不是件容易的事。

　　不過，若能在日常生活中仔細觀察周遭的人物，終有一天一定能看透衆生的潛在需求，進而掌握人性的共通點，相信到那時，你一定可以像毛姆一樣成功。

全力以赴，才能找到出路

成功向來都是不易的，也非偶然的，要求取比
他人更高的成就，就要付出比他人更多的汗水
與淚水。

雖然我們都知道「天下無難事，只怕有心人」的道理，但回
頭看看自己的經歷：我們曾多少次信誓旦旦地宣告自己一定會實
現理想，卻在經歷幾次挫敗之後就打退堂鼓了？

我們也都知道要成功就不能輕言放棄，但為何總是在奮鬥的
路上半途而廢？

哥倫布童年時就認為地球是一個球體，立下探索地球真面目
的理想。

一四九二年，葡萄牙海濱發現了兩具從很遠地方漂來的屍
體，從人體特徵上判斷，他們和當時歐洲大陸上已知的人種都不
一樣。哥倫布認為這種不為歐洲人所知的人種，住在地球西部，
便遊說葡萄牙國王出資，幫助他進行海上探險，找到那些遙遠的
大陸。

然而，葡萄牙國王假裝答應他，卻悄然派出了自己的探險

Change your vision
for the better
✳ 189

隊。為了實現自己的夢想，哥倫布又轉而遊說西班牙國王，可是依然無法成功。

兩次失敗後，哥倫布並未灰心，仍然鍥而不捨地尋找、遊說可能支持他的人，結果當然是處處碰壁。

經過長時間的奔波，哥倫布耗費了僅有的一絲積蓄，連他的妻子也離他而去，朋友們都將他當成瘋子。

在這種情況下，哥倫布只好靠為別人畫各種圖表為生，但仍不屈不撓地為他的理想準備。

最後機會終於來了，西班牙王后在哥倫布的一個朋友勸說下，決定付一筆錢讓哥倫布去冒險。她心裡盤算著，如果哥倫布發現新大陸，將會為她帶來巨大的聲譽，就算哥倫布失敗了，她也只是失去一小筆財富而已。

哥倫布有了資助後，卻沒有水手願意和他一起出海，最終靠著國王和王后的強制命令下才讓他們屈服。但是，出海僅三天，他們的船就斷了，水手們心中也充滿不祥之感，情緒低落。於是，哥倫布費盡唇舌向他們描述他所知道的新大陸，說那裡遍地黃金，這才讓水手們安下心來。

當船駛進百慕達海域時，他們又遇到了巨大的風暴，在風雨交加中，哥倫布差一點就絕望了，但為了實現自己的目標，他仍鎮定下來，以堅強的意志控制沮喪的情緒。他的勇敢感染了跟隨他已久的水手們，大家齊心協力與風浪搏鬥，最後終於迎來了曙光──在美洲大陸上插上了西班牙的國旗。

成功向來都是不易的，也非偶然的，要求取比他人更高的成

就，就要付出比他人更多的汗水與淚水。

　　每個人都曾經有夢，都曾經有理想，然而，真正能將夢想付諸實現的人又有多少呢？又為什麼哥倫布能在歷盡無數挫敗、嚐盡千辛萬苦之後，仍然堅持自己的理想，不願放棄？

　　這是因為他心中巨大的信念從未動搖過，也正是這股信念推動著、鞭促著他前進，讓他不論遭遇到多大困難、多少次挫折，甚至身體與心靈已疲乏到極點，仍然屹立不搖。

　　正是因為充滿堅決的信念，他的夢想才會有實現的一天。

　　「理想」不是放在心裡想想、掛在嘴上說說就可以，想要夢想成真，更重要的是要有堅強的信念、不變的意志在背後不斷驅策，這才能讓理想成為現實，也才有成功的一天！

Change your vision
for the better
＊191

動動腦筋，就能點石成金

> 價值是可以創造的，而非一成不變的，一旦我
> 們有辦法發掘出一件事物的價值，就如同擁有
> 了點石成金的魔法棒。

導致我們陷入泥淖的，往往不是環境惡劣、景氣糟糕，而是我們讓自己僵化矮化，不願意改變狹隘的想法。

你是否曾想要擁有童話故事中「點石成金」的魔法棒呢？

每一個人其實都擁有這項點石成金的寶物，只不過並不是所有的人都知道該如何運用它罷了。

美國有一位著名的收藏家叫諾曼‧沃特，有一次看到眾多收藏家為了收購名貴物品而不惜千金，忽然靈機一動，想到一個前所未有的點子——為什麼不收藏一些劣畫呢？

他收購劣畫的兩個標準是：一是名家的「失常之作」，二是價格低於五美元的無名之輩的畫作。沒多久，他便收藏了兩百多幅劣畫。

不只如此，沃特還在報紙上登出廣告，聲稱要舉辦首屆劣畫大展，目的是「讓年輕人在比較中學會鑑賞，從而發現好畫和名

畫的真正價值」。

　　出乎所有人的意料之外,這一個畫展空前成功。沃特的廣告也廣為流傳,成為茶餘飯後的話題。

　　觀眾爭先恐後地來參觀畫展,有的甚至不遠千里,專程趕來看看這些劣畫究竟是什麼模樣。於是,沃特收藏的劣畫就此名震一時,為他帶來相當多的名聲與財富。

　　藝術品所追求的就是「美」,而那些既不美又不優秀的藝術品是不是就失去價值了呢?

　　這個問題的答案,沃特已經告訴我們了。

　　不只如此,沃特還讓我們知道一件相當重要的事:在這個世界上是不存在「沒有價值的東西」的,因為一件事物,甚至是一個人的價值,都取決於我們如何看待。因此,只要我們懂得將有價值一面挖掘出來,那麼即使是沒有人要的廢物,也能幫我們一夕致富。

　　價值是可以創造的,而非一成不變的,一旦我們有辦法發掘出一件事物的價值,就如同擁有了點石成金的魔法棒。就如同沃特相信劣畫並非不值一看、不值得收藏的東西,只要能換一個想法,事物的價值便能從中出現。

　　他的反向思考無疑為我們提供一個非常寶貴的觀點:只要能善加利用自己的智慧,便可以讓自己受用無窮。

相信自己，必能獲得成功

命運掌握在自己手裡，更在於如何看待自己。
不論出身多微寒，不論別人如何看待，只要相
信自己辦得到，就一定會成功。

　　你相信算命嗎？你相信人有既定的宿命，而且是在自己出生
之時就已經安排好的嗎？或是你認爲生於中下階級的人絕無爬上
高位的一天呢？

　　人生固然有定數，但也充滿變數。看看以下的小故事，或許
能幫你破除「宿命」或「出身」的迷思，以嶄新的態度面對自己
的人生。

　　有一個黑人小孩出生於紐約的貧民窟裡，從小就和貧民窟裡
的孩子們一起玩耍、打鬧，而且受環境的影響，染上了種種惡
習，諸如打架、罵人、逃學……等等，讓每一個教過他的老師都
很傷腦筋。

　　新學期，學校新來了一位教師保羅，聽說了這些孩子的「事
蹟」後，希望能矯正他們的惡習，讓他們走上健康成長的道路。

　　剛開始的時候，保羅苦口婆心地勸說這些孩子們，希望他們

成為有理想有抱負的人，但這些孩子沒有一個聽得進他的教導，仍和往常一樣打架、逃學、滿嘴髒話。

怎樣才能讓這些孩子改掉壞毛病呢？保羅總是為了這件事操心。後來，保羅發現那裡的人非常迷信，於是想到利用迷信的方式改變孩子們。

那一天，保羅和往常一樣走進教室，可是卻沒有如往常那樣開始講課，反而說：「我知道你們都不想上課，所以今天這節課就不上了。」孩子們發出一陣歡呼聲。

保羅繼續說道：「我在讀書的時候，學校不遠處是一個原始部落，部落裡有一位巫師，當地人遇上任何問題，都會去請巫師占卜。那個巫師還會幫人看手相，他說我以後會成為老師，後來我的確成為老師。當時，我還跟著巫師學習如何看手相，學會如何藉著看手相了解每個人的未來，今天，我就來幫你們看看手相吧！」

孩子們聽完後十分興奮，又發出一陣歡呼聲。

保羅要孩子們坐好，先幫第一排的彼特看。他來到彼特的位置，拉著他的小手說：「嗯！我看看，你以後一定會成為一個商人，而且是很成功的商人，先恭喜你喔，彼特。」

看著保羅慈愛的目光，彼特高興地對同伴說：「聽到了嗎？我會成為一個很成功的商人呢！你們快讓老師看看長大後會成為什麼樣的人。」

孩子們看到老師說彼特以後會成為商人，都爭先恐後地讓老師幫自己看手相，而且被看過的孩子都高興極了，因為按照保羅老師的推測，他們的未來都很成功，個個非富即貴。

那個黑人小孩是最後一個，好想把手伸出去給老師看手相，

Change your vision
for the better
＊195

可是又怕得到不好的預測，因為從小到大沒有人喜歡過他，也沒人說他將來會有出息。

保羅看到那孩子猶豫不決的樣子，一下子就猜出他在擔心什麼了，便走到孩子身邊，對他說：「每一個孩子都得看手相，你也不能例外。我看手相看得相當準的，從來沒有出現過錯誤推測。」

孩子緊張地看著老師，最終還是把手伸了出去。保羅煞有其事地把那隻髒兮兮的小手仔細翻來覆去研究很久，然後盯著那孩子，非常認真、非常確信地說：「你好棒喔，你以後一定會成為紐約州的州長。」

那個黑人孩子簡直不敢相信自己的耳朵，但他堅信老師說得沒錯，因為老師說他看手相是很準的。他感激地看著老師，並在心中確立了成為州長的信念和目標。從那以後，孩子們打架、逃學的事件一天天地少了，那個黑人孩子變化尤其大，改掉了一切壞毛病，完全變了一個人似的。

那群孩子長大以後，真的有不少人成為富翁或社會名流。至於那個黑人小孩也的確在五十一歲時成為紐約州第五十三任州長，並且是美國歷史上第一位黑人州長，他就是羅傑‧羅爾斯。

我們常常說「命運掌握在自己手裡」，看完這個故事，我們更應該說：命運不但掌握在自己手裡，更在於如何看待自己。

日子難過或許不是你的錯，但千萬不要得過且過。

人的一生，就像是一趟乘風破浪的海上之旅，千萬要記住法國啓蒙思想家盧梭的叮嚀：「當心啊，年輕的舵手，別讓你的繩

纜鬆了，別讓你的船錨動搖，不要在你還沒發覺以前，船就漂走了。」

如果我們相信自己終有成功的一天，那麼不論歷經多少困難與挑戰，我們仍然可以一步步向我們的目標邁進；就像貧民窟長大的羅傑‧羅爾斯堅信自己真能成為州長一樣。所以，不論出身是多麼微寒、不論別人如何看待，只要相信自己，不論想達成什麼目標，都一定辦得到。

讓自己的決定保持彈性

即使不得不做出選擇，也必須保持彈性，同時
更要了解「不要把話說，要留三分餘地」的道
理。

只要是團體，裡面一定會出現結黨、劃小圈圈的現象，即使
大如國家政治，甚至是國與國之間，也脫離不了這樣各自結黨的
情況。

面對這種情形，也許一開始時，我們還能維持中立、獨善其
身，但是到非得做出選擇的時候，置身其中的我們又應該怎麼下
決定呢？

一九六八年美國總統大選期間，季辛吉打電話給尼克森的競
選團隊，在電話中很明確表示他可以向尼克森陣營提供寶貴的情
報。

季辛吉是候選人之一的洛克菲勒的盟友，知道很多內部消
息，尼克森團隊自然高興地接受他的情報。

但另一方面，季辛吉也向民主黨候選人韓福瑞表示同樣的意
願，韓福瑞則要求他提供尼克森內部消息，於是季辛吉就把自己

所知的情報全盤托出。

事實上，季辛吉真正想要的是內閣的位子，因此以內閣的職位為條件，向兩方提供情報，這樣不管是誰贏了大選，季辛吉都將從中獲利。

最後，尼克森贏得大選，季辛吉也順利地當上國家安全事務助理。

但在尼克森任職期間，季辛吉仍然小心翼翼地與尼克森保持一定的距離。後來「水門事件」爆發，福特上台後，原來與尼克森非常親密的人都被迫下台了，只有季辛吉未受影響，繼續在動盪的年代裡叱吒風雲。

我們可以說季辛吉是老狐狸、牆頭草，甚至是鄙視他的人格，但是他這種不將所有籌碼孤注資一擲的做法，卻值得我們效法。

原本政治就是充滿利益交換的場域，在激烈的權力競爭中，有時不得不憑藉他人或團體的力量，幫助自己向上。

這一類情勢瞬息萬變的環境，最大的特徵就是「沒有永遠的敵人，也沒有永遠的朋友」。

正因如此，身在其中的人即使不得不做出選擇，也必須保持彈性，同時更要了解「不要把話說絕，要留三分餘地」的道理，畢竟對立與激情都是一時的，有共同追求的利益才是最重要的。

不管是投資理財或商業競爭，甚至是經營人際關係，都不要把所有的雞蛋都放在同一個籃子裡，因為你永遠不會知道，這個籃子明天會不會打翻。

別讓標準答案限制自己的發展

問題的答案不會只有一種，也很可能甚至不是
我們想像的樣子，所以讓我們把追求「標準答
案」的心結解開吧！

在學校裡上課的時候，老師總是要求「正確的標準答案」，
如果回答與標準答案不同，就一律視爲錯誤。

如今，我們已經不再是當年埋首苦讀的學生了，但是，我們
的腦子裡是不是經常還在尋求「標準答案」呢？

古希臘時代，一位預言家在城市內設下一個號稱最難解的
結，並且預言，將來能解開這個結的人必定是世界的統治者。

在那之後千百年的時光當中，許多人都曾勇敢地嘗試過，但
是依然無人能解開這個結。

當時，身爲馬其頓國王的亞歷山大也聽說了這個結的預言，
於是揮兵進駐駐這個城市的時候，也嘗試要打開這個結。

但亞歷山大連續試了好幾個月，用盡各種方法都無濟於事，
最後他恨恨地說：「我再也不要看到這個結了！」

他抽出自己的寶劍將結砍成兩半，於是結打開了。

亞歷山大最後以自己的武力與智慧，建立起橫跨歐、亞、非三洲的大帝國，並成為主宰三塊大陸的偉大霸主。

問題的答案不會只有一種，也很可能甚至不是我們想像的樣子，所以，讓我們把追求「標準答案」的心結解開吧！

我們無從得知當初預言家所打的結究竟有沒有辦法解開，或許一開始它就是一個無解的結也不一定，但我們能確定，預言家知道能用獨特方法解開這個結的人，必然是智勇雙全的曠世英雄。

如果亞歷山大也像其他挑戰者般，將所有心思花在解開繩結的辦法上，最後恐怕無法成為雄霸三洲的帝王，而是如其他挑戰者般一事無成。

其實，這世上有許多事沒有所謂的「標準答案」，不幸的是，我們從小就被教育要回答「標準答案」，被這種想法制約後，對很多觀念、解決問題的方法，失去了創造性的思考方式。

如果眼前有解決不了的疑難雜症，不妨退一步看看！倒過來看，歪著頭看，說不定能找出不只一種解決辦法喔！

PART 9

只有盡力才能出人頭地

只有不斷的磨練，才能讓自己熟練，
在不能確定是否已做到最好時，
你就沒有停止的資格。

只有盡力才能出人頭地

只有不斷的磨練，才能讓自己熟練，在不能確
定是否已做到最好時，你就沒有停止的資格。

不要抱怨眼前的事情老是那麼繁瑣磨人，讓自己老是重複著
那些機械化的動作，而是要問自己到底花了幾分心力。

如果你想在自己專精的領域出人頭地，那麼，不管事情的難
易如何，你都必須確定自己已經做到最好，才能收工。

安東尼·羅賓的妻子請了一位調音師來家裡保養鋼琴，這位
調音師非常厲害，只見他仔細地鎖緊了每一根琴絃，讓它們都繃
得恰到好處，並且發出正確的美妙音符。

當他工作完成後，羅賓問他要付多少錢，他笑著說：「還不
急，等我下次來的時候再付吧！」

羅賓不解地問：「下次？這是什麼意思？」

調音師說：「明天我還會再來，然後一連四個星期都要再來
一次，接下來則是每三個月來一次。」

羅賓聽得一頭霧水，於是接著又問：「什麼？這架鋼琴的琴
絃不是已經調好了嗎？難道還有問題？」

Change your vision
for the better
＊203

調音師這時卻嚴肅了起來說：「我是調好了，但那只是暫時的，如果要讓琴絃能保持在正確的樂音上，就必須繼續『調正』，所以我得再來幾次，直到這些琴絃能一直保持在正確的音符。」

聽完調音師的話，羅賓不禁嘆道：「原來，這其中有那大的學問啊！」

詩人歌德曾經提醒過我們：「一個人怎樣才能認識自己的價值呢？絕對不是通過思考，而是通過實踐。無論如何都要盡力去履行自己的職責，那麼，你就會立刻知道你的價值。」

只有不斷的磨練，才能讓自己熟練。

就像調音師的工作精神一樣，在不能確定是否已做到最好時，你就沒有停止的資格。

希望目標能夠實現，就得像鋼琴的調音工作一樣，必須經過不斷地調整、校正努力的方向，你才不會有任何遺憾，更不會有任何怨言和不悅。因為你可以這麼告訴自己：「我已經盡了全力，做到最好了。」

每天多花五分鐘學習

記得每天和自己賽跑，檢視自己有沒有比昨天進步，即使只有一點點，你仍然可以戴上勝利的彩帶。

哲學家哈耶克曾經這麼說：「如果我們多設一些有意義的目標，多一分耐心，多一點謙恭，那麼我們就能夠進步得更快，而且事半功倍；但是，我們如果『自以為是，自恃具有超越一切的智慧和洞察力而驕傲』，那麼便注定要失敗了。」

成功與失敗之間的距離並不遠，最大的差別，或許就在於你願不願每天多花個五分鐘學習的時間。

有個牧師問一位學者說：「你知不知道有關南非樹蛙的事？」

「不知道！」學者誠實地回答。

牧師說：「如果你想知道的話，你可以每天花五分鐘閱讀相關資料，五年之內，你就會成為最懂南非樹蛙的人。接著，有人會邀請你到他們的公司，並支付你一大筆錢，就是為了聽聽你對南非樹蛙的意見。」

Change your vision
for the better
✽ 205

　　牧師接著說：「當然，這是一門很專業的學問，聽眾可能不多，但是想想看，只要持續五年，每天只花五分鐘時間閱讀資料，你就能成為在這門研究領域中，最具權威的人士之一。」

　　這些話對這位學者的衝擊相當大，畢竟有很多人，連每天五分鐘的投資都不願意付出。

　　正如名導演伍迪‧艾倫所說的，我們生活中有百分之九十的時間只是在混日子，而大多數人的生活層次只停留在「為吃飯而吃飯、為工作而工作、為了回家而回家」。

　　我們習慣從一個地方逛到另一個地方，事情做完一件又一件，看起來好像做了很多事，事實上，卻都沒有把時間放在自己真正想完成的目標上。

　　正因為如此，很多人到了退休才發現，自己竟然虛度了大半生，而剩下的日子則是在病痛中流逝。

　　學無止境，即使生活再忙碌，也要每天保留五分鐘學習。記得每天和自己賽跑，檢視自己有沒有比昨天進步，即使只有一點點，你仍然可以戴上勝利的彩帶。

夢想就等著你跨出第一步

只要有決心，沿途一定會有無限的機會和條件，只要跨出第一步，成功便離你不遠。

充滿信心地設定人生目標，然後踏出自己的腳步！如果你不積極跨出「第一步」，就只是一個光說不練的幻想家，永遠也達不到目的。

別再三心兩意、猶豫不決了！當你決心要做好一件事的時候，事情就一定會照著你的希望前進！

傑米是一個二十幾歲的已婚男人，有一個小孩，雖然收入不多，卻擁有快樂平凡的家庭。

傑米一家人就住在一間小公寓裡，他們夫婦倆很渴望擁有一間自己的新房子，可以有乾淨而舒適的環境，也能讓小孩有較大的空間遊戲，但是，買房子並不容易，因為光頭期款就是個相當麻煩的問題。

有一天，當傑米寫著下個月要付的房租支票時，突然想到，其實房租跟新房子每月的分期付款差不多，於是他跟太太說：

Change your vision
for the better
＊207

「下個禮拜，我們就去買一間自己的房子好不好？」

太太驚訝地回答說：「我們哪有能力？說不定連頭款都付不出來呢！」

但是，傑米已經下定了決心，他說：「有很多人跟我們一樣想買房子，他們或許也因為缺少頭期款而不能如願以償，不過，辦法是人想出來的，只要有決心，絕對沒有不可能的事情。」

很快地，他們找到了一間非常合適的新房子，頭款是一千二百美元。於是他們的問題來了，他們得湊足這一千二百美元，但是傑米不能向銀行貸款，因為那會使他無法獲得其他的抵押借貸。

這時，他突然有了一個靈感：為何不直接找承包商談，或者要求他們提供私人貸款呢？

剛開始時，對方的態度十分冷淡，但由於傑米一再懇求、堅持，承包商終於點頭把一千二百美元借給他們，但是傑米得按月償還一百美元，利息要另外計算。

接著，傑米開始思考每個月要如何湊出一百美元。他們夫妻倆想盡方法，算來算去一個月可以省下的也只有二十五美元，這時傑米想到另一個方法，他直接跟老闆解釋這件事，並希望獲得一些幫助。

傑米說：「老闆，我為了買房子，每個月要多賺七十五元才行。我知道，當你認為我值得加薪時一定會加，可是我現在很想多賺一點，公司有些事情在周末做會更好，你可不可以讓我在周末加班呢？」

老闆對他的誠懇和努力非常感動，於是找了許多事情讓他在周末加班，最後傑米一家人終於如願以償地搬進新房子住了。

　　一步一步往自己設定的目標前進，如此，每一步都能創造奇蹟！

　　不要畏懼前面的道路有什麼艱難，多給自己多一點信心和勇氣，展開實際行動，永遠比一大堆紙上作業重要。

　　就像故事中的傑米一樣，當你設定目標，邁出了實踐的步伐，你的生活就充滿了積極的動力。

　　別擔心自己還沒準備好，雖然預先準備是很重要的，但有了機會卻仍停滯不前，才是對自己最大的損失。

　　請放心，只要有決心，沿途一定會有無限的機會和條件，只要跨出第一步，成功便離你不遠。

*Change your vision
for the better*
＊ 209

你可以創造一個機會給自己

千萬不要讓你的安逸和惰性阻礙了理想，若能
堅持不向惰性屈服，你的成功便指日可待。

　　許多人都知道自己的人生目標，但真正付諸行動的卻很少，
更可悲的是，學習與累積實力的機會已擺在眼前都不知道要如何
進行。

　　想把生活變得更有意義，就不能害怕失敗，必須鞭策自己採
取行動，以實際行動讓每一天都是生命中的傑作。

　　泰莉是位空中小姐，很喜歡環遊世界，也一直藉著工作之便
盡情玩樂；而另一位空中小姐曉玲，除了喜愛旅遊之外，還希望
能擁有自己的事業，而且最好是與旅遊有關。

　　因此，曉玲每到一個地方，總會記下自己經歷過的每一件
事，特別是當地的旅館和餐廳的情況。此外，她還將自己的旅行
經驗，熱心地提供給搭機的旅客。

　　後來，很意外地，曉玲被轉調到安排旅遊行程的部門工作，
有如一本活百科全書的她，在旅遊方面的知識非常豐富，在這個
部門服務簡直可以說是如魚得水。

　　在這裡，她有更多的機會可以掌握世界各大城市的旅遊動態，於是幾年之後，她便擁有了一間屬於自己的旅行社。

　　至於泰莉，到現在仍然只是一名空中小姐，雖然她非常賣力地工作，但卻沒有什麼升遷機會，唯一能改變現況的事情，大概就只有結婚了。

　　其實，泰莉和曉玲一樣，都是非常稱職的空服員，但是，曉玲對人生充滿積極的憧憬，泰莉的生活卻沒有任何目標。

　　旅行對泰莉來說，只是隨興地在世界各地遊玩而已，並沒有把空服員視為具有發展潛力的工作。她的例子說明了，一個不懂得發現機會，並為自己創造機會的人，一輩子只能在原地打轉。

　　如果你也是這樣的人，那麼從現在開始，請拿出你的行動力，就算眼前看似沒有多大作用，也要勇敢前進。

　　知道自己的目標，也能全心投入，那麼所有的機會自然會接踵而來。千萬不要讓你的安逸和惰性阻礙了理想，倘若能堅持，不向自己的惰性屈服，你的成功便指日可待。

認真的態度讓機會不再錯過

只要你能尊重自己，並且用心付出，誠摯地表現你的工作態度，那麼任何機會一到你手中，肯定一個也不會錯過。

　　成功學大師拿破崙・希爾曾經這麼說：「你可以隨機找十個人來問，問他們為什麼不能在他們的行業中獲得成就。相信十個人當中會有九個人說，這是因為他們沒有獲得好機會。那麼，你可以觀察他們一天的工作、行為，我敢保證，你會發現他們在一天裡，把每一個自動送到他們面前的好機會，全都推掉了。」

　　確實如此，真正的機會，通常藏在生活的瑣事中，一不留心，你就可能把握在手中的機會，不知不覺地放掉了。

　　有一天，拿破崙・希爾站在一家商店的櫃台前，和年輕店員聊天。年輕人告訴拿破崙・希爾，他在這家店已經服務四年了，但是這裡的老闆非常小氣，他的服務也一直得不到主管的賞識，所以正準備跳槽。

　　在他們談話時，有一位顧客走進這家商店，他對著這位年輕的店員說，想看一些帽子的款式。

　　沒想到，年輕店員卻對這名顧客置之不理，仍然顧著和拿破崙·希爾說話。直到他說完了話，這才轉身向那名顧客說：「這裡不是帽子專櫃。」

　　那名顧客有些不耐煩地問：「帽子專櫃在什麼地方？」

　　這年輕人也不悅地回答說：「你去問那位管理員好了，他會告訴你怎麼找到帽子專櫃。」

　　看了這種情形，拿破崙·希爾說，很明顯地，年輕店員其實一直有很好的機會，只是他沒有認真把握而已，因為顧客正是他最重要的資源，是他提升自我價值的重要機會，但是他全部都放棄了。

　　相信許多人都曾經遇到類似的情況，說不定你也是其中之一。工作的時候全是抱怨，責怪別人不配合或是老闆不器重，卻不肯反省自己的工作態度和用心與否。

　　你還認為自己沒機會嗎？

　　不管什麼樣的機會，不是等著別人送到你面前，而必須靠自己的用心經營和爭取。

　　不要管別人怎麼看，也別管別人會怎麼跟你搶機會，就算環境或待遇不佳，只要你能尊重自己，並且用心付出，誠摯地表現你的工作態度，那麼任何機會一到你手中，肯定一個也不會錯過。

要有計劃，也要順應變化

在人生的路途上，我們一定會有繞道而行的時候，這時你必須清楚自己的目標，就算轉個彎，也要能掌握前進的方向。

在人生的旅程中，計劃永遠趕不上環境的變化。

但是，不管人生的道路再怎麼曲折，只要你把目光對準目標，最後一定能走到最終的目的地。

你一定曾有過這樣的經驗：當你手上拿著地圖找路時，突然遇上了一塊寫著「此路不通，請繞行」的路標，因為地圖上沒有這個標誌，於是你陷入了沒有料之外的窘境。

在人生中，「此路不通，請繞行」的情況時常會出現，這時候，我們就需要修正計劃和進行的步驟，達到期望的目標。

被譽為「世界上最偉大的推銷員」的喬‧吉拉德，曾經這麼說過自己的成功經驗：

對我來說，推銷員的工作真的讓我得到很大的滿足。在我的幫助下，許多人都能擁有一輛可靠、舒適、安全，而且價錢能夠接受的新車。

　　但是，在我的汽車銷售生涯中，並不是一直這麼一帆風順的，我仍然必須因應一些情況而做改變。例如，為了應付一九七四年石油禁運的突發情況，我不得不在行銷手法上做一些調整。

　　在我的銷售生涯裡，汽車工業也發生了許多改革，所以身為汽車推銷員的我，當然也必須不斷地學習，隨時吸收汽車的最新資訊才行，並運用這些知識，以提升自己的專業能力。

　　所以，銷售汽車並不是尋找買主，或是下下訂單那麼簡單而已，你必須知道任何變化隨時都有可能發生，所以也要隨時做好最充分的準備，這對從事推銷工作的人來說，是非常重要的一點。

　　工作不單只有工作本身而已，在工作中，我們仍得不斷地自我提升，不斷地學習進步，唯有如此，在面對任何突發情況之時，才能夠迅速而且輕鬆地加以解決。

　　在人生的路途上，我們一定會有繞道而行的時候，這時你必須清楚自己的目標，就算轉個彎，也要能掌握前進的方向。換個角度想，偶然的繞行改道，不也才能看到可能會錯過的美麗風景？

　　同樣的，在你邁向成功的道路上，所有的突發的狀況，都可能帶給你意想不到的收穫。

和諧相處，才能打好人際基礎

如果無私無我是人間大愛，那我們給予家人的
只是夾雜個人過多私慾的小愛，但沒有「小
愛」真的能成就「大愛」嗎？

　　人生中的第一段人際關係來自於家庭，只有獲得家人的認同，
才能繼續往外擴展人脈。打從心裡就想迴避人際關係的人，或者
只要跟人交際就會感到疲憊的人，通常在家庭裡也無法順利和家
人相處。

　　是怎麼樣的原因造成一個人對人際關係的退縮、畏懼？這是
由於過度關心自己，自我意識較強。因為太重視自己，別人若沒
有付出「應有」的關注，就認為自己被人忽視。太過在意的情況
下，與人交往就會出現挫折感。

　　從最基本的家庭關係，就能延伸到社會這個人際大圈圈。換
句話說，唯有處理好自己與家人的關係，才能有良好的人際網路。

　　一百年前的維也納，有一段感人的故事在一場扣人心弦的露
天音樂會上展開。

　　那天，是圓舞曲之王史特勞斯之子小史特勞斯在城郊一家咖

啡館的花園裡舉行的個人音樂會。

　　小史特勞斯從小就被父親遺棄，在母親苦心栽培下成長。由於父親嫉妒他的才華，利用自己的權威，將他拒於維也納的音樂廳門外，所以小史特勞斯只好租下這個露天花園，演出自己的作品。前來的觀眾中，有的是支持小史特勞斯的樂迷，也有人是前來搗亂的老史特勞斯的崇拜者。

　　首先演奏的是小史特勞斯自己的創作曲，特別獻給母親的頌歌——〈母親的心〉，令人動容的旋律充滿了親情，讓人聽了不禁眼眶泛紅。第二首是圓舞曲〈理性的詩篇〉，在觀眾的要求下，竟連奏了十幾遍，掌聲淹沒了叫聲，這樣的情況在維也納是很少見的。

　　在全場轟動的情況下，小史特勞斯一再要求，場上才終於安靜下來，且場面靜得驚人。這時候，小史特勞斯臉上帶著特殊的感情，舉起手，指揮著樂隊，奏起一首節目單之外的柔和樂曲。

　　觀眾們一聽驚訝不已，這不正是老史特勞斯創作的〈萊茵河畔迷人的歌聲〉！在抒情部分，有另一種更深沉、更含蓄的柔情蜜意。

　　這時候大家才明白了，年輕的音樂家正用音樂來表達自己對父親的敬愛，用父親的名曲祈求和父親和睦相處。

　　全場的聽眾無不深受感動，就連原本前來搗亂的老史特勞斯的經紀人赫希也忍不住淚濕衣襟。

　　「以德報怨」是對待敵人的最高境界，但我們能夠原諒敵人，卻往往無法原諒身邊最親近的人。

Change your vision
for the better
＊217

如果無私無我是一種人間「大愛」，那麼我們給予家人的只是夾雜個人過多私慾的「小愛」，但沒有「小愛」真的能成就「大愛」嗎？

社會上充斥著滿口仁義道德，打著宗教口號「行善」的人，但私底下可能棄自己的父母不顧。更有人說，地上的父母只是這一世的父母，天上的父母才是永生永世的父母。

只是，如果連這一世的父母都不懂得照顧，還能顧及來世嗎？說穿了，這樣的說詞不過是為自己自私的行為找藉口，抱持如此想法，就相信能為自己的來生帶來更多福報。

每個人的本質都差不多，覺得自己和別人有所差距，通常來自於過強的自我意識。沒有必要認為自己比別人差，也無須太在意他人看法，摒除這些沒意義的自我意識，從基本的家庭關係做起。想與人順利交流，經營一段和諧的家庭生活便是第一步。

PART 10

你可以把「劣勢」
變成「優勢」

只要你意志堅定、充滿信心，

盡力了，用心付出了，

劣勢也可以成為你挑戰成功時的優勢。

你可以把「劣勢」變成「優勢」

只要你意志堅定、充滿信心，盡力了，用心付
出了，劣勢也可以成為你挑戰成功時的優勢。

一個人的成就永遠跟他身處劣勢時，所展現的自信成正比。

一個人之所以能夠成功，並不在於身處順境展現多少能力，而是在於聽到不好的訊息，感到徬徨迷惑之時，能否換個角度看世界，告訴自己一定要充滿信心，然後用自信扭轉自己所處的逆境。

很多時候，你所認的劣勢或缺點，都只是你沒有信心的藉口，就算你擁有最好的競爭條件，如果缺乏自信，也會變成了阻礙前進的劣勢。

以前，許多人喜歡看NBA的夏洛特黃蜂隊打球，更喜歡看明星球員伯格士上場奮力演出。

伯格士的身高並不高，在東方人的標準裡也算矮小，更不用說在身高兩百公分都嫌矮的NBA了。

但這個伯格士相當不簡單，可是NBA表現最傑出、失誤最少的後衛之一，不僅控球一流、遠投精準，甚至穿梭在高個兒隊員中，帶球上籃也毫無所懼。每次看到伯格士像一隻小黃蜂般滿場

Change your vision
for the better
* 221

飛奔，許多人都會忍不住地驚呼。因為，他不只安慰了所有身材矮小而酷愛籃球的人的心靈，也鼓舞了許多人的意志。

伯格士是個天生的籃球好手嗎？當然不是，他是靠著自己的意志與苦練，一步步累積出來的結果。伯格士從小就長得特別矮小，但他非常熱愛籃球，幾乎天天都和同伴們在籃球場上玩。

從小，他就夢想有一天可以打NBA，能成為全國皆知的明星球員，是所有愛打籃球的青少年的夢想。每次伯格士告訴他的同伴：「我長大後要去打NBA。」所有聽到的人都會忍不住地哈哈大笑，甚至有人相當不以為然，因為他們「認定」一個一百六十多公分的矮子，是絕不可能進入NBA的。

但是，他們的嘲笑並沒有阻斷伯格士的志向，他用更多的時間練球，終於成為全能的籃球運動員，也成為最佳的控球後衛。

他運用了自己個子矮小的「優勢」，行動靈活迅速，幾乎沒有失誤，而且正因為個子小，反而抄球更容易得手。

伯格士毫不在乎別人的嘲笑，並且巧妙地把自己的「劣勢」轉換成「優勢」，創造了球場上的另一個奇蹟！

其實，沒有真正的條件不好，也沒有所謂的環境很差，成功與失敗真正的差別，只在於你有沒有信心，有沒有努力前進的活力和動力。

只要做好心理建設，自然就可以將劣勢變成優勢，如此一來，就沒有所謂的優劣之分，唯一的不同，只是你實現夢想時的堅定與否。只要你意志堅定、充滿信心，盡力了，用心付出了，劣勢也可以成為你挑戰成功時的優勢。

別讓別人決定你的一生

如果不想抱怨，凡事就要由自己決定，把生活
的主控權回歸自己手中，不要依賴別人，讓自
己決定自己的人生吧！

激勵大師安東尼‧羅賓在演講時，經常告訴台下的聽衆說：
「其實，我們可以為自己做選擇，勇敢地為自己做決定，不要讓
別人承擔你的成敗，更不要讓任何人決定你的一生。」

你是否曾經因為別人替你做了決定，而嘮嘮叨叨埋怨過對方？

也許你錯怪了他，因為，今天的結果全部是你的決定，是你
自己決定讓別人為你做的決定。

安東尼‧羅賓講過這樣的一段經歷和感受。

有一次搭乘飛機時，安東尼‧羅賓的旁邊坐了一個非常喜歡
抱怨的人，他調侃說，如果奧林匹克有「抱怨」這項競賽的話，
身旁的這個人一定能夠拿到一面獎牌。

當空中小姐前來詢問乘客晚餐要吃雞肉還是牛肉時，安東尼
‧羅賓要了「雞肉」，而他旁邊的旅客則表示「隨便」。

不久，空姐端來了安東尼‧羅賓的雞肉，並給了他旁邊的人

一份牛肉。

　　接下來的二十分鐘，安東尼・羅賓只聽到旁邊的人不斷地抱怨他的牛肉有多難吃，但是安東尼・羅賓指出，他卻忘了，這頓難吃的晚餐，其實是他自己決定的。

　　這位旅客的心裡認為，這是空姐幫他挑選的晚餐，但實際上，卻是他自己把選擇權交給了別人。

　　不知道你有沒有這樣的經驗：自己決定不了的事，請別人做決定之後，你卻又後悔聽從別人提供的意見，或是抱怨別人為你下的決定？

　　想一想，現在你選擇的科系或工作，是由你自己決定的嗎？如果是，那你一定走得很開心，若不是，相信你一定抱怨很久了吧？

　　如果你是由別人幫你做的選擇，那麼就算生活再不愉快，你都必須勇於承受，因為這一切都是你自己選擇的。

　　如果不想抱怨，凡事就要由自己決定，把生活的主控權回歸自己手中，不要依賴別人，也不要一味別人怎麼說，你就怎麼做，讓自己決定自己的人生吧！如此一來，生活中，你將不會再聽見抱怨和後悔！

用自己聲音說你想說的話

俄國作家契訶夫說：「世上有大狗，也有小狗，小狗不該因為大狗的存在而心慌，所有的狗都應當會叫，就讓牠們用自己的聲音叫吧！」

人生的成功，雖然包含了表面上的功成名就，但並不代表你得做出舉世無雙的事業，才能算得上成功。

如果總是擔心自己比不上別人，只想功成名就，那麼世界上就不會有獨樹一格的成功者了。

真正成功的人生，不在於成就的大小，而在於你是否努力地實現自我，能喊出自己聲音的人，才能走出屬於自己的路。

有一位名叫渥奇的中年人，對現代社會的各種問題都有自己的見解，但是每當自己的觀點受到嘲諷時，便十分沮喪。

為了讓別人都能贊同自己的每一句話，他費了不少心思。

有一次，他和岳父聊到了安樂死的議題時，突然察覺到岳父不滿地皺起眉頭，於是他本能地見風轉舵，修正了觀點，說：「我的意思是，一個神智清醒的人如果要求結束他的生命，可以用這種方法。」

渥奇偷偷注意到岳父的表情略表同意，這才鬆了一口氣。

當他和上司也談到這個話題時，卻遭到了強烈的斥責：「你怎麼能這樣想呢？這不是對上帝的褻瀆嗎？」

渥奇一聽，便馬上改變了立場，說道：「我剛才的意思是，在極為特殊的情況下，罹患絕症的病人在經過確認後，在法律上已經死亡，才可以截斷他的氧氣管。」

渥奇的上司這才點頭同意他的看法。

為了能得到人們的歡心，渥奇總是不斷地改變立場，他只是在別人的反應下生活，他自己的思想和立場，統統受到別人左右，而他也只是生活在別人的價值觀念裡而已。

貝多芬在學小提琴時，技術並不高明，但他寧可拉自己創作的曲子，也不肯做技巧上的改善，他的老師說他絕不是個當作曲家的料。

發表《進化論》的達爾文當年決定放棄行醫時，曾遭到父親的斥責：「你放著正經事不幹，整天只管打獵，這樣有什麼出息呢？」

達爾文也曾在自傳上透露：「小時候，所有的老師和長輩都認為我資質平庸，我與聰明是沾不上邊的。」

愛因斯坦四歲才會說話，七歲才會認字，老師給他的評語是：「反應遲鈍，不合群，滿腦袋不切實際的幻想。」於是，遭到退學的命運。

《戰爭與和平》的作者托爾斯泰，在就讀大學時，曾因成績太差而被勒令退學，老師認為他：「既沒讀書的頭腦，又缺乏學

習的興趣。」

　　如果他們沒有勇氣走自己想走的路，全被別人的評論左右，又怎能獲得如此的成就？

　　俄國作家契訶夫說：「世上有大狗，也有小狗，小狗不該因為大狗的存在而心慌，所有的狗都應當會叫，就讓牠們用自己的聲音叫吧！」

　　充實有益的生活，本質並不在於惡性競爭，也不是為了處心積慮搶奪第一，它只是為了追求自我發展和幸福的生活而已。所以，別太在乎別人的眼光，勇敢的走出自己的路吧！

大膽取捨必有所得

想要得到最完美的結果，必須能夠大膽取捨，
如果無法適當取捨，任何一方都意圖全面兼顧，
捨不得放手，那麼便有可能失去更多。

　　曾有一位導演在作品得獎後說出這樣的感言：當初他拍完那部電影時，其實非常煩惱，因為每一幕都很經典，但是如果全部採用，不但電影時間過長，也會失去味道，所以必須有所取捨。

　　由於每一個鏡頭都是他心血的結晶，沒辦法做出最正確的剪接，於是就將片子交給一位非常有經驗、涵養和敏感度的剪接師。在這位剪接師的幫助之下，剪出了最合適的片段，也完成一部動人的作品。

　　一部好的電影作品，除了要有好的導演、劇本、演員、工作人員外，還有一個很重要的角色──剪接師。

　　好的剪接師對一部作品要有某種特殊的領會，能明瞭再怎麼得來不易的鏡頭，若是會拖累整部作品的節奏，也該捨得放下。

　　懂得取捨，無疑是成功的要素之一。

　　托爾斯泰在創作小說《復活》的過程中，費盡了心血。光是

對女主角卡丘莎‧瑪絲洛娃形象的描寫便修改二十次！

第一次：「她是一個削瘦，有著一頭黑髮的醜陋女人，她之所以醜陋，是因為那個塌陷的鼻子。」

第二次：「她的一頭黑髮梳成一條光滑的大辮子。有一對不大，但是黑得異乎尋常的發亮眼睛。頰上的紅暈是因為她身上烙了一個純潔無辜的印記。」

到了第三次修改的時候，他把醜陋的詞句刪掉，改為：「個子高高的，帶著病態的神色。」

第四次：「矮矮的個子，與其說她是胖的，不如說她是瘦的。」

第五次：「她的臉還算美，如果臉上……」

第六次又換了一種寫法。

就這樣，從頭到尾共改了二十次，才是我們現在所看到的形象：「一位個兒小小的年輕女人，套著一件灰色的大衣。她頭上紮著頭巾，卻故意讓一兩絡頭髮從頭巾裡面溜出來，披在額頭。她的面色顯現出長久受到監禁的那種蒼白，叫人聯想到地窖儲藏的蕃薯所發的芽。兩隻眼睛又黑又亮，雖然浮腫，卻仍舊發光，其中有一隻眼睛稍稍有點斜視。」

有一天，保加利亞著名詩人特奧多爾‧特拉亞諾夫收到一位詩歌愛好者寫來的信，信中向他請教關於寫詩的訣竅。

特拉亞諾夫看完立即回了一封信：「假使雌鳥一次生了三顆蛋，牠會丟掉其中一顆，只孵另外兩顆。等到雛鳥出世後，雌鳥又只哺餵其中一隻，捨棄另一隻。只要學習雌鳥的精神，就不怕

Change your vision
for the better
✳ *229*

寫不出好詩來！」

　　一件作品的完成，過程該是既艱辛又嚴謹的，就如特奧多爾‧特拉亞諾夫的寫詩方法，捨棄部分的蛋，將所有心血成就出最完美的生命。而托爾斯泰最後定型的卡丘莎‧瑪絲洛娃，就是唯一留下的蛋。

　　有些很有創意、能力不錯的人，卻不一定會有好的成績，因為他們的點子太多，無法取決出最適合的那一個。取捨，也是一種做事的技巧。有些人讓自己陷入繁瑣的事情中，每一件事都想做好，到頭來卻沒有一件能做好。

　　做事要有輕重緩急之分，有捨便會有得，懂得捨掉部分的心血，反而能換來更大的成果。為人處世也是同樣的道理，隨著年齡的增長、環境的改變，我們也要學會「取捨」，在工作、家庭、朋友之間做好重心的分配。

　　想要得到最完美的結果，必須能夠大膽取捨，如果無法適當取捨，任何一方都意圖全面兼顧，捨不得放手，那麼便有可能失去更多。這之間的拿捏，端看個人如何選擇。

勇於面對缺點，才有進步的空間

想要得到別人的認同，就先要有顆真誠的心，
願意承認自己的缺失，並加以改進。

人最可怕的缺點就是太愛自己，終其一生只知孤芳自賞，沉醉於自己的世界裡，最後縱容自己。

如此一來，永遠不會想改變自己，也就無法向前邁進。

小時候，我們的口中總是掛著：「老師說……，老師說……」，老師怎麼說，我們就怎麼做。

然而，隨著年紀增長，誠實面對自己與承認錯誤的能力慢慢減弱。或許是因為不想讓人小看，也或許是成長的同時過度地自我膨脹。

將自己限制於自我的小空間中，人格就會停止成長、無法成熟。想要進步，必須要學會反省與接受自己的缺點。

知名的劇作家、文藝評論家兼熱心的社會主義者蕭伯納，曾在一家文學雜誌社當小說編輯。他的工作十分繁重，每天不但要審稿、改稿、拼版、畫樣，還要處理一堆雜事，完全沒有空閒的

時候。

有一次，他向當時一位小有名氣的年輕作家邀稿，不久之後，收到了稿件。吃過午飯後，蕭伯納坐在沙發上閱讀那位年輕作家的稿子，愈看愈感覺這部作品矯揉造作，內容不僅離奇古怪，還充斥著無意義的凶殺、情色描寫。

他看著這篇索然無味的劣作，就在沙發上睡著了。一覺醒來，他發現手中還拿著稿子，便馬上裝進信封，並附上一紙措辭客氣但語氣冷冰冰的退稿箋：「作者先生，您的大作並不適用，現奉還予你，請多包涵！」

青年作家收到退稿信後，氣急敗壞地到雜誌社找蕭伯納當面質問：「蕭伯納先生，我個人認為，您是有意捉弄我，因此退回了我撰寫的稿子。」

「你為何如此判斷呢？」蕭伯納一本正經地問。

「很簡單。我的妻子讀完我剛完成的小說，竟然悵然若失地讓稿紙從手中飄落，連聲說道：『寫得這樣好，這是真的嗎？』這足以證明，我的小說寫得相當成功，完全可以用。您卻將稿子給退了，這種做法很不負責任！也足以證明您的評鑑眼光有待商榷。」

蕭伯納溫和地說：「可尊可敬的先生，請你先別激動，你是個有名氣的作者，也許你的話是對的。不過，我想請問一句，如果用餐時，盤子中放著一顆看似美味的雞蛋，但在你品嚐一口後，發現雞蛋已經變質了，而且臭不可聞，你還會勉強自己吃下去嗎？還是會送給朋友，硬叫他們吃下去呢？同樣的道理，你的作品乏味且庸俗不堪，是生硬編造的東西，這就等於在兜售臭雞蛋，既毀滅自己又貽誤讀者！」

　　要面對自我的缺失是一件困難的事，尤其對一個處處要求完美的人而言更是痛苦不堪。然而，人不可能十全十美，不管年紀有多大，學識如何豐富，都會有不瞭解的領域。

　　如果無法接受自己的缺點，選擇視而不見，慢慢地就會眞的以爲這些缺點不存在，以爲自己很完美，這樣將失去求知與進步的機會。這種鴕鳥心態，不僅耽誤了自己，還連累了別人，是非常要不得的事。

　　除了要能看到自己的缺點之外，更要虛心求教。不管是上司、長輩、同儕，甚至是晚輩，每個人身上都有值得學習的地方。

　　想要得到別人的認同，就先要有顆眞誠的心，願意承認自己的缺失，並加以改進，只有這樣才能讓別人包容你的缺點，協助你成長。

不要害怕問「為什麼」

因為好奇，才會對任何事物產生興趣，因為敢
發問，才能有更進步、更突破性的未來！

你有多久沒有發問了？對於自己不理解的事物，不願追根究底，是因為面子問題，還是怕找不到答案？

人生本來就是由無限個問號構成的，就算得從小朋友的身上找答案，你也要勇於放下身段，開口問：「為什麼？」

大發明家愛迪生從小到老，從來都沒有停止問過「為什麼」，雖然想問的問題，並不一定能全部找到答案，但是他仍然鍥而不捨，努力研究出許多解答。有次在路上，他遇見了一位朋友，看見他的指關節都腫了。

「為什麼會腫？」愛迪生不禁問道。

「我還不曉得確實的原因。」

「為什麼你不曉得？醫生曉得嗎？」

「每個醫生說的都不同，不過多半的醫生都認為是痛風症。」

「什麼是痛風症呢？」

「他們說，這是因為尿酸積在關節裡的緣故。」

「既然如此，他們為什麼不從你的關節中取出尿酸來呢？」

「因為，他們不曉得怎麼取出來。」朋友無奈地回答。

這個回答並不能讓愛迪生滿意，生氣地問道：「為什麼他們會不曉得怎麼取出呢？」

「因為尿酸是不能溶解的。」

「我才不相信呢！」這位世界聞名的科學家回答著。

這天，愛迪生回到實驗室之後，立刻開始著手試驗，研究尿酸到底能不能溶解。

他把試管一列列排好，每個管內灌入四分之一的不同化學液體，並在每種液體中放入數顆尿酸結晶，兩天後他發現，其中有兩種液體中的尿酸結晶已經溶化了。

於是，這位發明家又有了新發現，讓深受尿酸之苦的病人得到了解救。

不一定非要有答案才發問，重要的是，你有沒有保持一顆鍥而不捨、努力學習的心。

對自己不懂的事物感到好奇，並且敢於發問，我們的生活才會充滿活力與動力。

因為好奇，才會對任何事物產生興趣，因為敢發問，才能有更進步、更突破性的未來！

所以，愛迪生語重心長地告訴我們說：「不要害怕發問，因為那是你最重要的財產。」

天才只是比蠢才多專心一分鐘而已

機會可能就在你身邊。答案也許就在你身畔，
只要你能凝聚注意力，做任何事都能再專心一
點，那麼就沒有什麼事情不會成功了。

　　所謂天才與蠢才的最大區隔，只是兩者在面對事物之時，專
心的程度有所不同而已！

　　天才會為了一件事耗盡大半輩子，只求知道如何讓機器飛上
天，而蠢才則是對什麼事情都只有三分鐘熱度，答案就算在身邊，
也視而不見，一旦失敗了，便認定不可能實現！

　　布朗先生一直潛心研究有關橋樑的結構問題，他要在住家附
近的特威德河上建一座橋，他一直構思，如何才能設計一座造價
低廉的大橋。

　　有一天早上，晨露未乾，布朗先生獨自在花園中散步，忽然
看見一張蜘蛛網橫在路上，他突然靈感一來，想到鐵索和鐵繩不
正可以像蜘蛛網一樣，連成一座大橋嗎？

　　於是，他發明了舉世聞名的懸索大橋。

　　而詹姆斯‧沃特先生，則是思考如何在克萊地鋪設地下輸水
管。由於這地區河流縱橫，河床錯綜複雜，他想了好久都沒能想

出理想的解決方案。

有一天，他偶爾看到桌上有一隻龍蝦的殼，這個看似無用的龍蝦殼竟讓他得到了啟發。於是，他設計了一種類似龍蝦形狀的鐵管，果然解決了所有難題。

伊茲貝勒‧布爾則是因為觀察船上的一隻小蛀蛆，才有了托馬斯隧道的設計靈感。他發現這個小東西，從頭部開始，會先朝一個方向鑽孔，然後再往另一個方向鑽一個孔，鑽出了一個拱道後，就完成了第一道程序；再來的第二步，則是在洞孔的頂端和兩邊，塗上一層有點黏滑的東西。

布爾看著小蛀蛆的行動，想了很久，也同樣得到了啟發。他把小蛀蛆的行為過程及操作模式，仔細地加以研究，終於讓他設計出掩護支架，完成了托馬斯隧道的偉大工程。

所謂的天才，不過是比你我更加專注而已，他們願意把心思放在某個事物上，直到找到方向和解答為止。

他們也比你我更全心全意地追求自己設定的人生目標，更能承受過程中的折磨，直到達到目的才肯罷休！

只要多留意，機會可能就在你身邊。

答案也許就在你身畔，只要你能凝聚注意力，做任何事都能再專心一點，那麼就沒有什麼事情不會成功了。

何必擔心自己沒有機會？其實，令人羨慕的天才，也只是在他們的字典裡，找不到「心有旁鶩」罷了！

每個人都有許多偶遇的機會，只要你願意，只要你用心，就不會錯過生活裡的每一次機會。

PART 11

改變心境，
才可能改變人生

只有改變心境，才可能改變你的人生。
所以，如果你想要改變自己某些不好的習慣，
就必須發自內心的想要改變。

改變心境，才可能改變人生

只有改變心境，才可能改變你的人生。所以，
如果你想要改變自己某些不好的習慣，就必須
發自內心的想要改變。

作家普勞圖斯曾說：「能征服自己的情緒，而不是被情緒所
征服的人，總將被視為一個可靠的人。」

但是，俗話說：「江山易改，本性難移」，足見一個人想要
改變自己，是一件很不容易的事。不過，改變自己雖然不容易，
可是卻不能以此做為拒絕改變的藉口。

因為，這句話的意思不只是提醒你改變的困難，另一個更重
要的意義是告訴你：真正的改變，是要從你的本性做起，如果不
從內心湧起想要改變自己的意願，那麼改變是不會成功的。

有一個人脾氣很暴躁，常常因此得罪別人而懊惱不已，所以
一直想將這暴躁的壞脾氣改掉。

後來，他決定好好修行，改變自己的脾氣，於是花了許多
錢，蓋了一座廟宇，並且特地找人在廟門口，寫上「百忍寺」三
個大字。

Change your vision
for the better
❋ 239

這個人為了顯示自己修行的誠心，每天都站在廟門口，一一向前來參拜的香客說明自己改過向善的心意。香客們聽了他的說明，都十分感佩他的用心良苦，也紛紛稱讚他改變自己的決心。

這一天，他一如往常站在廟門口，向香客解釋他建造百忍寺的意義時，其中一位年紀大的香客因為不認識字，而向這個修行者詢問牌匾上到底是寫些什麼。

修行者回答香客說：「牌匾上寫的三個字是百忍寺。」

香客沒聽清楚，於是再問了一次。這次，修行者的口氣開始有些不耐煩：「上面寫的是百忍寺。」

等到香客問第三次時，修行者已經按捺不住，很生氣地回答：「你是聾子啊？跟你說上面寫的是百忍寺，你難道聽不懂嗎？」

香客聽了，笑著說：「你才不過說了三遍就忍受不了了，還建什麼百忍寺呢？」

安禪何必須山水，滅卻心頭火自涼。

生活就是心靈的修練場，想要改變自己，應當從改變心境做起，而不是築造虛華的水月道場。

只有真正想要改變心境，才可能改變你的人生。

像故事中的修行者，即使花了一大筆錢建造寺廟，也只是做做表面功夫，並沒有改變他暴躁的脾氣。

如果你想要改變自己某些不好的習慣，就必須發自內心的想要改變，這樣才會成功，否則，就會淪為自欺欺人的笑話。

若是只注重表面的妝點，那沒過多久一定會故態復萌。

自大之前，先秤秤自己的斤兩

遇到事情的時候，請衡量一下自己的能力吧！
與其人前現醜，何不先充實自己，累積實力，
再尋求表現的機會呢？

現代人普遍有一種毛病，就是很容易誇大自己的能力。

明明沒這麼大的能耐，卻堅持自己可以，總是要等到失敗出現的時候，才肯承認自己真的不行。

到了這個時候，不但要耗費更多的心力來挽回，別人也會因此而對你失去信心。

有一個畫家，認為自己在繪畫上非常有才能，所以一直堅持著自己的「藝術」理想，除了畫畫之外，從來不做其他的工作。

可是，他的作品乏人問津，幾乎又一張都賣不出去，所以總是搞到三餐不濟的地步。幸好，街角有一個好心的餐廳老闆，願意讓他賒欠每天的餐費，因此，這個畫家便天天到這家餐廳來吃飯。

有一天，畫家在吃飯的時候，突然覺得靈感如泉湧，於是不管三七二十一，抓起桌上的餐巾，拿出隨身攜帶的畫筆，蘸著餐

Change your vision
for the better
❋ 241

桌上的醬油、蕃茄醬……等各式的調味料，就開始作起畫來了。

　　餐廳的老闆不但沒有制止他，反而還趁著店裡客人不多的時候，在畫家身邊專心的看著他畫畫。

　　過了好一會，畫家終於完成了他的作品。他看著自己畫在餐巾上的傑作，深深覺得這是他有生以來畫得最好的一幅作品。

　　這時，餐廳老闆開口了：「我把你所積欠的飯錢一筆勾銷，就當作是買你這幅畫的費用，你說好不好？」

　　畫家聽了老闆的話，又驚訝又感動地說：「沒想到你也看得出我這幅畫的價值！看來，我真的是離成功不遠了。」

　　餐廳老闆連忙說：「請你不要誤會，事情是這樣子的，我有一個兒子，他也像你一樣，成天只想著當一個畫家。我之所以買這幅畫，是想把它掛起來，好提醒我的孩子，千萬不要落到跟你一樣的下場。」

　　嘗試新的事物和勇於接受挑戰是好事，因為這樣可以激發出自己潛在的能力，可是久缺自知之明，陶醉在自己的幻想之中，只會一再地暴露自己的不足，徒然惹人笑話。

　　遇到事情的時候，請衡量一下自己的能力吧！與其人前現醜，何不先充實自己，累積實力，再尋求表現的機會呢？

不要淪為慾望的奴隸

要記住,慾望是人類的工具,目的是用來讓人
類生活更好,而不要讓自己淪為慾望的奴隸。

　　現代人的物質生活雖然很豐富,但是,由於瘋狂而盲目地追
求身外之物,心靈卻逐漸空虛。

　　不管是權力、名位,還是金錢,它們所帶來的快樂都只是暫
時的,雖然它們的重要性不容懷疑,但是,無論它們在現實生活
中再怎麼重要,也不能用來交換心靈的快樂與滿足。

　　因為,快樂是精神層次的感受,不是物質層次的東西可以替
代的。

　　據說,上帝雖然依照自己的形象創造了人類,可是不想將生
命的秘密告訴人類,因為祂怕人類知道之後會威脅到眾神的尊
嚴。但是,上帝左思右想,又不知道該把生命的秘密藏在什麼地
方,才不會輕易的被人類發現。

　　上帝於是召集眾神,問他們有沒有什麼好辦法。

　　其中,一個天神提議說:「乾脆把這個秘密埋藏在高山上,
這樣人類就找不到了。」

　　上帝想了一下，覺得不妥：「可是，萬一人類去山上開墾的話，那不就被發現了嗎？」

　　又有一個天神提議說：「那就把這個秘密藏在最深邃的海底好了。」

　　上帝又搖搖頭，說：「這個方法也不好。我賜予了人類智慧，等到他們以後發展出高度的科技文明時，自然也有辦法到深海底去探勘，到時候這個秘密還是會被找出來的。」

　　當所有的神都想不出好的方法時，有一個排在最後面的天神走到上帝面前，說道：「我有一個好辦法，乾脆把生命的秘密藏在人類的心靈深處，因為人類的天性只會不斷向外追尋，從來不會探索自己的內心深處。把生命的秘密放在這裡，人類就永遠找不到它了。」

　　上帝聽了覺得有理，於是採用這位天神的辦法，將生命的秘密藏在每個人的心靈深處。

　　的確，生命的秘密就在你的心靈深處。

　　我們都只是塵世裡凡人，心裡都會有著各種慾望，而且正因為有了這些慾望才會激發不斷進步的動力。

　　擁有慾望並不是一件壞事，但是要記住，千萬不要讓過多的慾望蒙蔽了自己的心靈。

　　否則，你不但會越來越不快樂，同時在人生的過程中，遍尋不著生命的真正意義。

　　要記住，慾望是人類的工具，目的是用來讓人類生活更好，而不要讓自己淪為慾望的奴隸。

別人禮遇的，只是你的頭銜

沒有永遠存在的權力，與其緊抓著頭銜不放，
倒不如好好的修養自己；如此，你能得到的，
會遠比頭銜給你的還要多。

　　有很多人因為自己的頭銜很高，就因此而目中無人，以為每
個人對他的禮遇和尊重是理所當然的，可是一旦卸下了這個頭銜，
以往的尊重和禮遇就全都不見了。

　　這時，他們才落寞地發覺，別人真正尊重的，其實只不過是
他的頭銜而已，而不是他本身。

　　你也曾經有過這樣的失落經驗嗎？

　　古時候有一位大將軍，因為替朝廷立了許多戰功，所以非常
受皇帝倚重、信任，權勢也很大。在他過八十大壽的時候，家人
特地邀請了許多賓客一起為他祝賀。

　　壽筵上，有人問大將軍說：「請問將軍，在您這一生當中，
有沒有最值得回憶的事？」

　　所有的賓客都以為，大將軍會將某一場功勳卓著的戰役視為
最值得回憶的事。沒想到，大將軍思索了一會，卻回答說：「我
這一生最值得紀念的一件事，應該是有一年的午後，我穿著便服

外出散步，在走到橋頭的時候，遇到了一個小女孩。」

　　賓客們聽到這裡，紛紛猜測接下來一定會有出人意表的發展，並且認為那個小女孩絕對不是普通的人物，不然怎麼會讓這位威震天下的大將軍留下那麼深刻的記憶？

　　聽了賓客們的猜測，大將軍笑著搖搖頭說：「你們都猜錯了，她不過是一個普通人家的小女孩而已。」

　　大家聽了更好奇了，一個普通人家的小女孩，怎麼可能令大將軍如此記憶猶新呢？

　　大將軍慢慢說道：「這個小女孩只不過是希望我帶著她過橋而已。」

　　看見賓客們一頭霧水的樣子，大將軍對賓客們解釋：「當我穿著將軍的官服時，每個人都對我畢恭畢敬，不論走到哪裡，大家都對我百般禮遇。可是那一天，我就像個普通百姓一般，穿著尋常的便服，走到人來人往的橋頭，那個小女孩還是選擇了我帶她過橋。這表示，就算我不是大將軍，卻仍然能夠得到別人的信任，這是我終生引以為傲的一件事！」

　　不管是多威風、多顯赫的頭銜，總有一天會因為時間的變化而褪色，因為使頭銜發光發亮的是別人，所以使它褪色的也是別人。

　　由歷史上的種種例子，我們可以得知，世界上沒有永遠存在的權力，人生舞台上也沒有永不退場的演員。

　　與其緊抓著頭銜不放，或者試圖透過頭銜贏得別人敬重，倒不如好好的修養自己；如此一來，你能得到的，會遠比頭銜給你的還要多。

給小人一點點教訓

只要心態正確，再加上一點點的小技巧，你就
可以在複雜的人際關係中，顯得從容自在，無
往不利。

俗話說：「有理走遍天下，無理寸步難行」，話雖如此，但
世界上卻不是每一個人都如此理性、願意講道理的。

遇到不願意講道理的人時，與其浪費寶貴的時間跟他爭執，
或者悶在心裡暗自鬱卒，倒不如換個角度，用智慧來解決，得到
的效果可能遠比說破嘴還要好得多。

有一個富翁生性吝嗇，小氣到一毛不拔的地步。

這個富翁有一個兒子，正值該認字讀書的年紀，於是他便計
劃聘請一位教書先生來教導他的兒子。

可是，每一個教書先生都教不了幾天就辭職了！因為，富翁
訂了許多規矩，教書先生如果不遵循這些規矩，不但拿不到薪
水，甚至還要被罰錢！如此一傳十、十傳百，大家都知道富翁的
吝嗇、刻薄作風，所以沒有人願意去富翁家教書。

這時，有一個曾經吃過虧的教書先生的弟弟，聽了哥哥的抱
怨之後，便決定要給富翁一個教訓，於是，立刻到富翁家去應徵

教書先生。

　　富翁看到竟然有人願意答應他苛刻的條件，心裡非常高興，但又怕口說無憑，所以要求教書先生寫一張合約，以茲證明。

　　這個教書先生立刻拿起筆來，寫下：「無雞鴨亦可無魚肉亦可，青菜一碟足矣」的字樣。

　　富翁看完，認為是：「無雞鴨亦可，無魚肉亦可，青菜一碟足矣」，所以二話不說，很高興地就在合約上簽字了。

　　等到吃飯的時候，富翁便端出一碟青菜給教書先生下飯，這時教書先生不高興了，並且指責富翁違背合約。

　　富翁覺得很奇怪，便問教書先生自己哪裡違約了？

　　教書先生拿出合約，指著上面的文字說：「請你看清楚，我的合約到底是怎麼寫的？」

　　富翁仔細一看，才發現合約上還有一些標點符號，原來整張合約是這樣寫的：「無雞，鴨亦可；無魚，肉亦可；青菜一碟，足矣。」富翁雖然氣得咬牙切齒，但是也只好自認理虧，乖乖地付出賠償了。

　　伊朗有句諺語說：「不要嚴酷得使人對你恐懼、憎惡，也不要溫馴得使人對你蔑視、輕慢。」

　　雖然心存善念、為人圓融是處事應有的態度，可是有的時候，面對蠻橫不講理的人，使一些小手段也不失為解決問題的好方法。

　　不妨學學故事中的教書先生，只要心態正確，再加上一點點的小技巧，你就可以在複雜的人際關係中，顯得從容自在，無往不利。

何必為了無謂的瑣事而僵持?

最好的教導時候,便是「機會」教育,因為在
事發當下,給予孩子們一個正確的機會引導,
更能直接影響到孩子們的思考與成長。

我們經常見到,許多為人師長的人總是教導孩子要有寬闊的
心胸,要懂得禮讓和寬容,但是,自己卻老是為了無謂的瑣事和
別人僵持、爭執,無形之中做了最不良的錯誤示範。

透過文字書本與現實生活的教育方式,各有特色,也各有需
求。不過,日常生活中的身教機會,卻更為重要,是影響孩子們
人格發展與生活態度的重要指標。

有一天,阿雄家來了一位重要的客人,阿雄的父親見狀,連
忙叫兒子外出買酒來款待客人。

阿雄出門後,雄爸爸便熱情地招呼著他的客人:「難得貴客
臨門,等我兒子買酒回來,我們一定要喝個痛快!」

誰知道,一個小時都過去了,阿雄卻仍然不見蹤影,雄爸爸
來到門口張望,怒斥道:「這孩子該不會又跑到哪兒去玩了
吧?」

　　臉色有點不悅的雄爸爸，按捺著性子，頻頻向友人道歉說：「真是不好意思，他應該快回來了。」

　　可是，又過了一個小時，仍然未見阿雄的身影，雄爸爸心想：「不可能這麼久啊！該不會出了什麼事？」

　　於是，雄爸爸連忙跑到街上尋找兒子，沒想到他才一跨出家門，走不到一百公尺，便看見兒子了，而且見到他正與一個陌生人站在小路中間。

　　雄爸爸以為孩子發生了什麼事情，連忙來到兒子身邊，問他：「孩子，你在做什麼？怎麼不趕快回家呢？」

　　阿雄看見父親出現，連忙忿忿不平地說：「爸爸，你都不知道，剛剛我買完酒後，正急著要趕回家時，便在這裡遇到了這個人，我請他讓路，他卻不肯，堅持要我先讓路給他。你想，哪有人這樣的？是我先踏上這條路的，怎麼能讓他呢？是吧？爸爸，所以我一直在這裡等他讓路！」

　　只見雄爸爸點了點頭，非但沒有罵兒子，反而支持他說：「原來是這樣，好孩子，你別怕，讓老爸在這裡和他拼了！喔！不過客人在家裡等很久了，你先把酒拿回去招待客人，這件事由我來處理，我來和你換班，看他要僵持到什麼時候才要讓路！」

　　看完故事，也許你會對這對父子感到可笑，但是，仔細想想，我們不也曾經犯過類似的錯誤嗎？

　　身教更重於言教，其中道理便在於此，看著雄爸爸的處理方式，正是「上樑不正下樑歪」的最好證明。

　　看見兒子的情況，身為父親的他，非但沒有規勸，反而更積

極地參與，不但忘了朋友在家等候，更忘了身教的重要性。

　　教育的責任與時間點是沒有侷限的，而最好的教導時候，便是像故事中的「機會」教育，因爲在事發當下，給予孩子們一個正確的機會引導，更能直接影響到孩子們的思考與成長。

　　如果是你，你會怎麼告訴阿雄呢？

　　相信聰明的你，一定很想這麼告訴阿雄：「退一步也無妨！」

　　應該是這樣子吧？何必爲了無謂的瑣事而僵持呢？

懂得用錢藝術，就能累積財富

想累積財富，重點在於「用錢的藝術」，要懂
得賺錢也要懂得花錢，才不再為錢發愁，得以
享受人生。

　　曾認識個特別的女孩，在花樣年華的青春，大多數人都希望
讓自己看起來更漂亮時，她卻不然。她可以在大賣場買一打款式
相同的衣服過日子，自己準備便宜的菜到學校餐廳「配」免費的
白飯和湯，只用路邊發的面紙……

　　她經濟困難嗎？不，她可是外科醫生的女兒，家裡的別墅佔
地幾百坪。

　　她的日常花費如此節儉，可是她買書卻從不手軟，就算再貴
的書籍，只要值得，絕對毫不猶豫買下來。

　　她知道自己需要的是什麼，「節儉」對像她這樣的人來說，
反而成為充實生命的美德。

　　美國石油大王洛克菲勒，曾有過一段有趣的故事。

　　洛克菲勒剛開始步入商界之時，經營狀況舉步維艱，心裡很
想發大財，卻一直苦無方法。

　　有一天晚上，他從報紙看到一則出售發財秘訣的新書廣告，整晚高興得睡不著覺，第二天一早就急急忙忙到書店買了一本。誰知，當他迫不及待把書打開一看，書中只印了兩個字——節儉，讓他感到既失望又憤怒。

　　洛克菲勒回家之後，思緒非常混亂，接連好幾天無法入眠，反覆思考這本「秘書」的「秘」在哪裡。起初，他認為這是書店和作者聯手欺騙讀者，哪有一本書只有那麼簡單二字，因此想控告他們不實的行為。

　　等到心情稍微平復後，他開始認真思考書中的道理，突然恍然大悟。確實，要致富發財，除了節儉以外，別無其他方法。

　　有了這個想法以後，他將每天應用的錢加以節省儲蓄，同時加倍努力工作，千方百計增加收入。就這樣堅持了五年，存下了八百美元。然後，他將這筆錢拿來經營煤油生意，終於成為美國首屈一指的大富豪。

　　美國克德石油公司老闆波爾‧克德也是一位節儉出名的大富豪。有一天他去參觀狗展，在購票處看見一塊牌子寫著：「五點以後入場半價收費。」

　　克德一看錶，已經是四點四十分，於是在入口處等了二十分鐘後，才購買半價票入場，只為了節省二十五美分。

　　克德每年收入超過一億美元，之所以會省下那二十五美分，完全是受節儉習慣和精神影響，這也是他成為富豪的原因之一。

　　看到有人抱怨有錢人一毛不拔之時，我們常常會開玩笑的安慰：「就是因為小氣，人家才會有錢啊！」

　　世界上大多數富豪往往十分節儉。即使是美國連鎖商店的大富豪克里奇，擁有好幾億的資產，商店遍及美國五十個州，但午餐向來都花費一美元左右。「節儉」不是壞事，也不是不懂得過生活，只要懂得將節省下來的錢財投資在更值得的地方，那「節儉」才有意義。

　　一般人看待錢財，往往有一種矛盾的心態──錢佔生活中極重要的地位，出入都得用到它；錢又是身外之物，應該鄙視它。因此，造就歷史上許多的真小人、偽君子為「財」而身心煎熬。

　　只要「君子愛財，取之有道」，就算「愛財」，也無可厚非。畢竟，賺錢發財，是許多人迫切需要達成的目標。

　　想累積財富，重點在於「用錢的藝術」，要懂得賺錢也要懂得花錢，該用則用，當省則省，才不再為錢發愁，得以享受人生。

PART 12

累積實力，
才會激發潛力

想要激發自己的潛能，

就必須一步一腳印地慢慢累積，

只有這樣，潛能才會有發展的空間，

而失敗機率才能降到最低。

別用情緒解決問題

當你遇到問題的時候，先別急著生氣，心平氣
和地想一想，如果生氣對解決問題有用的話，
那麼再生氣也不遲。

　　金斯萊曾經說過：「老是活在為瑣事而憂慮的生活裡，這種
人生未免也太短暫了。」

　　的確，人生並不是一枝短短的蠟燭，而是一把一代傳一代的
火炬，當這把火炬傳到我們手上的時候，我們要思索的，是如何
把它燒得光明燦爛，千萬別為了芝麻小事，而讓這把火炬在自己
手中熄滅。

　　當遇到與自己的期待相反的情況時，許多人在當下的第一反
應都是生氣，而且等到怒氣發洩完了之後，才會開始想辦法來解
決問題。

　　可是，成功者卻不是如此。他們在別人還在生氣發洩的時候，
就開始思考問題的解決方法，所以他們做事的時間比一般人多，
因此也才能超越常人，躍上成功的頂端。

　　有一個小公司，辛辛苦苦地趕了一批貨，交給了一家新開發

Change your vision
for the better
＊257

的客戶，沒想到交貨之後，卻遲遲等不到客戶將貨款匯來。

因為年關將近，公司急需這筆款項應付開銷，所以在等了兩個星期後，老闆決定親自到客戶的公司拜訪，詢問為什麼貨款還沒有支付。

老闆在該公司等了一段時間之後，對方負責處理這批貨的人才出現，並且交給他一張可立即兌現的現金支票。

老闆拿著客戶開出的現金支票趕到銀行，希望能夠立刻兌換成現金，準備過年的時候應急用。

但是，當他將支票交給銀行的櫃檯小姐時，對方卻告訴他，這個帳戶已經有很長一段時間沒有資金往來了，而且戶頭內的存款也不足，所以他的支票根本無法兌現。

老闆明白是那個客戶故意耍詐，想要刁難他，原本他想立刻衝回客戶的公司和他大吵一架。

但是，這個老闆一向秉持著「和氣生財」的經營原則，很快便壓下自己的怒氣，向銀行的櫃檯小姐陳述了自己的窘況，並詢問這張支票之所以無法兌現，到底差了多少錢？

由於老闆的態度很誠懇，所以櫃檯小姐也很熱心的幫他查詢。查詢的結果是，戶頭內只剩下九萬八千元，跟他的支票金額只差了兩千元。

正如老闆所料，這個客戶是存心和他過不去。所以，老闆靈機一動，從身上拿出兩千元，請櫃檯小姐幫他存到客戶的帳號裡，補足支票的面額十萬元後，再將支票軋進去。

就這樣，終於讓他順利地領到貨款了。

照理來說，這位老闆當然可以理直氣壯，怒氣沖沖地跑到客戶的公司去抱怨，但是他卻沒有這麼做。

因為他知道，要是他這麼做的話，不但浪費自己的時間，而且也會因此永遠失去這個客戶了。

所以，他寧願把時間花在解決問題上，而不用情緒來製造新的問題。

下一次當你遇到問題的時候，先別急著生氣，心平氣和地想一想，如果生氣對解決問題有用的話，那麼再生氣也不遲。

Change your vision
for the better
❋ 259

累積實力，才會激發潛力

> 想要激發自己的潛能，就必須一步一腳印地慢
> 慢累積，只有這樣，潛能才會有發展的空間，
> 而失敗機率才能降到最低。

　　大家都知道挑戰艱鉅的任務可以激發自己的潛能，但是，卻
往往忽略了累積實力的重要性。

　　在基礎能力都還沒有完全具備的時候，貿貿然地就向困難挑
戰，其實是一種無知的表現。

　　所謂「萬丈高樓平地起」，如果自己的基礎還沒打好，那麼
潛能又要從哪裡出現呢？

　　有一個體育記者在訪問一位金牌游泳教練時，問到了這位教
練的訓練方法。

　　教練回答：「如果一個選手開始時只能游二十二公尺，可是
游泳池的長度是二十五公尺，那麼我會叫他先從淺水區開始，再
向深水區前進。」

　　記者聽完之後，反問教練：「可是，要是他只能游二十二公
尺，游到最後的時候，剛好是池水最深的地方，這樣不是非常危

險嗎？」

　　教練回答記者說：「這是選手進步最快的方法。因為當一個選手由淺水游向深水時，在開始游的時候就知道要保存體力，等游到深水區再拼命向前衝刺；因為最後是在深水區，要是游不動的話就會沉下去，所以，一定會發揮最大的潛能。如此一來，即使原來只能游二十二公尺，到時候自然也能游完整個游泳池。」

　　教練接著說：「相反的，如果是從深水游向淺水，開始的時候一定會拼命游，等到力氣不夠了，發現自己已經在淺水區，那麼一鬆懈下來，就算原本能游二十二公尺，這時恐怕連二十公尺也游不完了。」

　　二十二公尺的游泳距離，都是經過一公尺一公尺慢慢累積出來的；正因為不斷地累積，所以最後才能發揮出超越二十二公尺的潛能。

　　從游泳教練的這番話，我們可以得知，想要激發自己的潛能，就必須一步一腳印地慢慢累積，只有這樣，你的潛能才會有發展的空間，而失敗機率才能降到最低。

遇到攻擊，不妨以幽默還擊

當別人以不友善的態度或言語來對待你時，如果能以幽默的態度來回應，那麼你得到的將不會是羞辱，而是別人對你的深刻印象。

在人際關係中，學習如何運用幽默是很重要的。

不是每個人都會以友善的態度對待你，所以懂得運用幽默感，就能夠在別人對你不友善的批評或攻擊時，在不傷害彼此的和氣，又能維持自己尊嚴的況下，充分地予以反擊。

紀曉嵐五十五歲的時候，晉升為內閣大學士兼禮部侍郎。因為紀曉嵐專門打擊貪官，朝廷中有很多人對紀曉嵐的升官感到不滿和眼紅，於是一些平時和紀曉嵐不合的大臣，便以慶賀他升官為名，擺了一桌酒席請他吃飯，事實上是想藉機羞辱他一番。

正當大家吃到一半，酒席間突然跑來了一隻狗。

其中一位御史逮到機會，就故意指著狗問紀曉嵐說：「請問紀大人，你看那隻是狼（侍郎）是狗？」

紀曉嵐當然明白御史是有意在羞辱他，但是，他並沒有生氣，不慌不忙地回答：「是狗。」

席間有一位尚書問他：「你怎麼判斷那是隻狗呢？」

紀曉嵐故意慢慢地說：「狼與狗不同的地方有兩點：第一個不同，是先看牠的尾巴是不是上豎，上豎（尚書）就一定是狗，不上豎就是狼！」

紀曉嵐的話弄得尚書十分尷尬，無言以對。

紀曉嵐接著又說：「第二則是從牠吃的東西來分辨。大家都知道狼的野性十足，但就算是肚子餓了，也不是什麼都吃；可是，狗就不一樣了，餓的話則遇肉吃肉，遇屎（御史）吃屎！」

紀曉嵐的幽默不但使自己免於被羞辱，還狠狠地反擊了對方一頓。

文藝復興時代的大詩人但丁勉勵世人要有堅強的意志，以及寬闊的胸懷，他說：「就讓別人去說長說短吧，人要活得像一座卓然屹立的高塔，絕不因為暴風而傾斜。」

當別人以不友善的態度或言語來對待你時，其實目的只是要讓你下不了台而已，如果你真的因此而嘔氣的話，不但達到了他的目的，其他人也會開始對你產生負面的評價。

這個時候，如果能以幽默的態度來回應，甚至像紀曉嵐這樣加以回敬，那麼你得到的將不會是羞辱，而是別人對你的深刻印象。

別當盲目的毛毛蟲

如果你對現在的生活不滿意,那麼不妨鼓起勇
氣,挑戰一下未知吧!說不定,當你跨出原有
的圈圈時,更美好的生活就會出現在你面前。

　　無論任何動物,只要滿足於現狀,就很難再超越目前的生活
環境,長久下來,甚至會面臨絕種的危機。

　　其實不只是動物,人類也是如此,達爾文在著名的《演化論》
中提出「物競天擇,適者生存」的觀念,便很清楚地解釋了這個
現象。

　　因此,我們必須時時提醒自己,停頓便等於落後,只有勇於
嘗試,才能開創更好的生活。

　　法國科學家約翰・法伯曾經做了一個著名的「毛毛蟲實
驗」。這位科學家所選擇的毛毛蟲,具有跟隨的習性,總是會盲
目地跟著前面的毛毛蟲走,不會隨意脫離隊伍。

　　這個實驗是先把幾隻毛毛蟲放在花盆的邊緣,讓毛毛蟲們排
列好,在花盆的邊緣圍成一圈,然後在離花盆不遠的地方,撒一
些毛毛蟲喜歡吃的松針做為誘餌。

只要領隊的毛毛蟲開始移動，所有的毛毛蟲便一個接著一個地跟著後面爬。爬了一圈又一圈，一個小時過去了，兩個小時過去了，接著一天過去了，這些毛毛蟲們還是不停地圍著花盆打轉，沒有一隻毛毛蟲會脫離隊伍，往不遠處的食物前進。

一連走了好幾天，這些毛毛蟲們終於因為飢餓和精疲力盡，接二連三的陣亡了。其實，只要其中有任何一隻毛毛蟲肯轉換方向，勇於嘗試新辦法，那麼牠們很快就能到達目的地，而不會盲從無知地死去了。

擁有寬闊的視野的人，不會侷限於眼前所看到的那片天，至於眼界狹隘的人，他們的世界就只有「井底之蛙」那麼大。

假如我們願意停整自己的視野，開展看人看事的眼界，改變應對的心態，自然就能改變自己的世界。

其實絕大多數的成功人士，並不見得比一般人更聰明，他們之所以成功的原因，有時只是擁有敢於向未知挑戰的勇氣而已。

所以，如果你對現在的生活不滿意，老是在跟自己嘔氣，那麼不妨鼓起勇氣，挑戰一下未知吧！

說不定，當你跨出原有的圈圈時，更美好的生活就會出現在你面前。

笑臉，就是成功的利器

良好的態度，才能給人留下良好的印象，如果
想在工作上有更好的成績，別忘了，笑臉就是
你最好的工具。

作家霍姆斯曾說：「笑聲和和淚珠，都是用來轉動情感的輪子，不同的是，一個用風力，一個用水力。」

威廉‧懷拉是美國人壽保險業的頂尖業務員，年薪高達百萬美元。為什麼他能擁有這麼高的年收入呢？

秘訣就在於他擁有一張令顧客無法抗拒的笑臉，他的笑容能讓顧客產生信任和好感。

但是，大家可能不知道，他那張迷人的笑臉並不是與生俱來，而是長期訓練出來的。

威廉原本是美國家喻戶曉的職業棒球選手，在他四十歲的時候，因為體力衰退而被迫從運動場上退休。

離開體壇的威廉必須重新尋找出路，於是他到一家保險公司應徵推銷員。他心想，以他在美國民眾心目中的知名度，錄取應該是沒有問題的，但是卻沒想到，結果竟然是對方的斷然拒絕。

保險公司的人事經理對威廉說：「保險公司的業務員必須有

一張能使顧客信賴的笑臉，雖然你的知名度很高，可是你卻沒有這種特質。」

威廉並沒有因此而洩氣，反而下定決心，要讓自己成為一個能使顧客產生信賴感的業務員。

於是，他每天在家裡放聲大笑，他的鄰居們都以為他因為失業而導致精神失常；為了避免鄰居的誤解，他改躲在廁所裡練習。

過了一段時間之後，威廉去見人事部經理，向他展現學習的成果，可是經理卻仍然搖搖頭對他說：「不行。」

威廉仍然不放棄，還是每天不間斷地繼續苦練。他開始收集許多公眾人物的照片，好隨時揣摩他們的表情，甚至還買了一面與身體同高的大鏡子，努力地練習自己的肢體語言。

經過一段時間的練習之後，有一天，威廉在家附近散步時，正巧碰到社區的管理員，於是便很自然地跟管理員談天說笑。

臨走之前，管理員很高興地對他說：「懷拉先生，你今天看起來跟過去不太一樣了喔！」

這句話使威廉的信心大增，他又去找保險公司的經理。經理看了威廉的表現後，終於對他說：「你及格了。」

英國有句諺語說：「笑就是力量的同胞兄弟。」

業務員是一個公司在外形象的代表，因此，要使顧客對自己的公司有良好的第一印象，就不可以忽視對業務員的笑容訓練。

其實，每個行業都一樣，良好的態度，才能給人留下良好的印象，如果想在工作上有更好的成績，別忘了，笑臉就是你最好的工具。

*Change your vision
for the better*
❋ 267

單純，也是一種智慧

當你遇到你認為無法解決的問題時，不妨轉換
一下自己的心態，用孩子的單純來看問題，問
題也許就能迎刃而解！

　　很多人都認為小孩子因為年紀小，心智的發育還不夠成熟，
因此總會低估小孩子的聰明才智，以為他們什麼都不懂。

　　不過，也正因為他們還沒有受到社會規範或人際關係的限制，
所以他們的觀察往往比大人還要敏銳，能夠一針見血地找出問題
的核心。

　　印度有個流傳以久的民間故事。

　　傳說中，有個國王每天接受大臣們的朝拜後，總喜歡考大臣
們一些莫名其妙的問題，讓大臣們十分頭痛。

　　這一天退了朝，國王帶著大臣們來到御花園，指著花園裡的
水池說：「你們看到那個水池了嗎？你們有誰能說出水池裡的水
共有幾桶？」

　　大臣們面面相覷，沒有人回答得出來。這時候，花園裡突然
出現了一個小孩，原來他是某個大臣的孫子，因為長得聰明伶

俐，王后非常喜歡他，所以常常叫他到宮裡來玩。

這個小孩看見大臣們一個個對著水池發楞，就問他爺爺發生了什麼事。當他知道國王的問題之後，馬上說：「這有什麼難的？」

國王聽了小孩的話，心想連大人都回答不出的問題，他怎麼可能會知道，於是便對小孩說：「那你就回答吧。」

小孩說：「這很簡單，只要看是多大的水桶就行了。如果水桶和水池一樣大，那麼池裡就是一桶水；水桶是水池的一半大，那麼池裡就是兩桶水；如果水桶是水池的三分之一，那池裡就是三桶水。以此類推，問題不就解決了嗎？」

這個小朋友的回答不但得到國王的重賞，眾位大臣也都自嘆不如。

故事裡的大臣們之所以回答不出來，是因為他們的想像力和創造力，已經被約定俗成的常識所限制，而小孩因為沒有被太多的社會規範束縛，所以能靠著自由的想像力和反應，解決這個大人眼中的「難題」。

因此，當你遇到你認為無法解決的問題時，不妨轉換一下自己的心態，用孩子的單純來看問題，問題也許就能迎刃而解！

Change your vision
for the better
❋ *269*

發脾氣，比想清楚容易

要改變衝動的壞習慣，就先建立「不可能事事都順自己心意」的認知吧！

還沒搞清楚狀況就先發脾氣，目前已是現代人的通病，而這樣衝動的結果，往往只會讓自己後悔不已。

而且，只要你表現出這種盲目又衝動的舉動，即使只有一次，也會被他人貼上「不理性」的標籤。

如此一來，無異於阻礙了自己往後的人際關係和發展。

有一位畫家，受僱在一座建築物的頂端，畫一幅巨幅的壁畫。這個畫家對於這項委託非常認真，他每畫到一個段落，就會抬起頭，在懸空的平台上欣賞。

但是，因為這幅畫實在是太大了，所以他每次抬頭，就會離平台的邊緣越來越近，位置也越來越危險。

隨著巨畫慢慢地完成，畫家每次抬頭欣賞時，就不知不覺地越來越退後，由於他只顧著聚精會神、目不轉睛地欣賞自己的作品，完全沒有意識到自己已經退到平台的最邊緣了，只要再往後

退一步，就會失足掉下平台。

這時，在畫家另一邊的助手發現畫家快掉下去了，即使大聲提醒他，他也依然沒有聽見，仍舊只顧著專心欣賞自己的傑作。畫家的助手沒辦法，只好衝到壁畫面前，拿起畫筆就往壁畫上亂塗。

畫家看見助手的舉動，氣得跳到壁畫前面，揮拳就朝助手打去；助手還來不及解釋，就因為閃躲畫家的拳頭，重心不穩而跌下平台了。

事後，畫家雖然明白了助手的苦心，並且對自己的衝動懊悔不已，可是這一切都已經來不及了。

當事情的進行或情況都順自己心意的時候，是沒有人會衝動發脾氣的；之所以會衝動，都是在不如己意的情況下才會發生。

所以，要改變衝動的壞習慣，就先要求自己建立「不可能事事都順自己心意」的認知吧！

只有先擁有這種認知，你才能在發生問題時，用最正確並且心平氣和的方法加以解決。

你也可以靈活運用的為人處世謀略

三國演義
厚黑講義

The Wisdom of Three Kings

王照 ———— 編著

高爾基曾說：
在這一切都處於競爭和角逐的世界上，是沒有童話般的幻想和多愁善感存在的餘地。

確實，在這個瞬息萬變的現實社會，不時上演著鬥智鬥力的戲碼，每個人都無可避免必須面對劇烈的競爭，
以及對手的無情挑戰，必須學會靈活運用各種智慧，讓努力發揮最高效益。
兵不厭詐，敵人的戰術往往虛虛實實，因此，除了不斷增強本身實力之外，
更要多看各種參考範例，《三國演義》中的靈活思考與應變謀略，正是幫助你取得勝利的重要關鍵。

生活講義

102-1

改變你的視野，就能改變你的世界

作　　　者　黛恩
社　　　長　陳維都
藝術總監　黃聖文
編輯總監　王郡凌
出 版 者　普天出版家族有限公司
　　　　　　新北市汐止區忠二街 6 巷 15 號
　　　　　　TEL / (02) 26435033 (代表號)
　　　　　　FAX / (02) 26486465
　　　　　　E-mail：asia.books@msa.hinet.net
　　　　　　http://www.popu.com.tw/
　　　　　　郵政劃撥 19091443 陳維都帳戶
總 經 銷　旭昇圖書有限公司
　　　　　　新北市中和區中山路二段 352 號 2F
　　　　　　TEL / (02) 22451480 (代表號)
　　　　　　FAX / (02) 22451479
　　　　　　E-mail：s1686688@ms31.hinet.net
法律顧問　西華律師事務所・黃憲男律師
電腦排版　巨新電腦排版有限公司
印製裝訂　久裕印刷事業有限公司
出 版 日　2023 年 10 月第 2 版第 1 刷
ISBN◎978-986-389-886-3　條碼 9789863898863
Copyright◎2023
Printed in Taiwan, 2023 All Rights Reserved

國家圖書館出版品預行編目資料

改變你的視野，就能改變你的世界／
黛恩編著. ─第 2 版. ─：新北市, 普天出版
2023.10 面；公分. - (生活講義；102-1)
ISBN◎978-986-389-886-3 (平裝)
CIP◎177.2